《中国秀·中国传统文化系列读本》

塔湖·書

TOWER LAKE BOOK

中国秀 109
赵锋主编

中国传统文化系列读本

茶事

李萌怡 刘芳 著

山西出版传媒集团
山西教育出版社

目　录

三杯茶（代序）

喝了这么多年茶，记得最真切的，就是这三杯茶。

第一杯是桐木关的正山小种。

大学毕业那年因故在厦门住了几个月，是潮起潮落、波涛翻覆的几个月，却不小心喝到了极好的一杯茶，就像吃了一颗定心丸，可以安心地返回北京，鼓足勇气走未来的路。在那之前，我连红茶、绿茶、乌龙茶都分不清，以为红茶也分明前和雨前，拿铁观音煮奶茶，结果难喝得一塌糊涂。那时候心情不佳、时运不济，何以解忧？唯有吃喝。于是日日流连厦门街头寻找新鲜食物，终于有一天稀里糊涂被朋友拉着走进茶室，看沏茶的姑娘行云流水般演示完一套茶艺，喝到了一杯上好的正山小种。氤氲桂圆香在口腔里弥漫开来，整个人被一种暖洋洋的幸福感包围着，大颗眼泪流下，忽然生出无限勇气去对抗无常世事。自那以后，才对茶真的上了心，认真研究起来怎么泡、怎么喝。红茶、绿茶、乌龙茶自然分得清了，著名品种也喝了不少，然而每逢颓丧时，总归还是正山小种能够叫人振作起来，踏上星辰大海的新征途。

第二杯是春日的信阳毛尖。

那时候几个朋友租下了半个名人故居，开了个小小的咖啡馆，兼卖一点他们自己从各地搜罗来的稀奇古怪茶叶。我闲来无事就跑去坐坐，帮忙招呼客人，刷刷杯子，没人上门的阴雨天就躲在角落里泡杯茶，看书写稿子。后来又一个阴雨天，来了一位很精神的老爷爷，他是慕名而来，看到原来名人家的客厅变成了飘着茶香、咖啡香的地方，倒也还算欣慰。杂七杂八同我扯了许久，原来是附近大学里的教授，在大学里执教三十多年，却并不知道他仰慕的那位名人的故居近在咫尺。一旦知道了，自然顶风冒雨也要来看看。说到喝茶，老爷子很开心地说，他那儿有今年的新毛尖，改天给我们送来。中国人的“改天”，大家都懂，自然也没报什么期望。直到有一天店主打电话给我，说有人送了一盒信阳毛尖，才想起来这么一出。忙不迭地泡来喝，杯子里荡满了春天的气息，照亮了连日的阴雨天气，自那以后，春天不喝一杯毛尖，就总感觉少了点什么。

第三杯是不知名小饭店里的甜茶。

那小饭店在青藏公路旁边、长江源的沱沱河镇，铁皮搭成，四面漏风，中间生着个巨大的火炉子，炉膛里烧着牛粪，炉子上温着一壶甜茶。因为突然有假期，就决定从北京开车去拉萨，再从新疆兜出来，青藏公路进、新藏公路出，顺带把西北地区绕一圈，看看大好河山。平心而论青藏公路大部分路段开阔平坦，除了偶尔有坑地。但我轻敌了，那一日从格尔木开到长江源的沱沱河镇，几个小时内海拔上升了两千多米，加上一整天舟车劳顿没有补给，在镇上把车停好之后，突然觉得头痛欲裂，全身无力，一路没有影踪的高原反应全都找上门来。最明显的症状是腿软，一脚一脚像踩在棉花上，是全身的能量都被消耗掉的那种软，如果没有摸进小饭店喝上那碗甜茶，估计会当场栽倒在地的。加了奶和盐的茶砖煮出来的还混着牛粪味的甜茶，终于把我从眼冒金星的深渊里拯救了出来。我才发现，茶在有的地方，是这样扎实而真切的存在，裹挟着大量的糖分能量和烟火气息，把人安安稳稳地留在人间。能喝到这样的一杯茶，又是另一种福分。

没去过的地方有很多，没喝过的茶也有很多，道阻且长，有茶香飘在路上，仿佛就要好走一点。希望这本小书，能帮你了解一些粗浅茶事，也愿你的人生，常有茶香相伴！陌上花开，一起去喝茶吧！

第一章，古事

一、南方有嘉木

小时候学英文，很早就学到“茶”这个单词，写作t-e-a，念起来像是“代替”的“替”。同时还学了很多其他饮料的英文说法，像牛奶、可乐、橙汁等，却总觉得tea是最神秘的，因为不知道如何理解。

都知道茶是从中国传出的，按说英文名字应该同中文名字有点关联。念作“cha”，既好听又好记，为何选了个风马牛不相及的“tea”呢？问老师，老师也搞不清楚，只说是约定俗成。这问题困扰了笔者二十年，直到上大学念语言学，才找到答案。

原来小时候的猜测并没有错，在早期的英文里，“茶”就被念做“cha”。“tea”的第一次出现，是在1615年东印度公司一位职员Wickham的信件里。至于“cha”是怎么变成“tea”的，这不但跟历史有些关系，也跟地理有些关系，还跟方言有些关系。

“tea”这个词，的确也和茶叶一样，源于中国。只不过不是普通话，而是厦门口语。我们熟悉的金骏眉、大红袍、铁观音，在厦门岛的庭院里，被温柔的小手高冲低斟，奉给客人，它们都叫做“tea”。而这个称呼如何流传到英国去，又是另外一个故事了。

16世纪末叶，葡萄牙人来到中国，占领了澳门，迷上了喝茶。他们是欧洲最早的茶商，那时他们还采用官音“cha”。但是好景不长，没过多久，葡萄牙没落，荷兰人取而代之，把持了远东的茶叶贸易。他们并没有来到中国，而是活动在南洋一带（今印度尼西亚）。所以彼时的茶叶贸易，其实是由厦门人把茶运到爪哇，然后再由荷兰商船运往欧洲各国。厦门口语念“茶”字，其发音如同“tea”，于是荷兰人也跟着这样读。

所以如法国、德国、丹麦等喝荷兰茶的国家，语言里就采取厦门音“tea”，而喝大陆茶(从陆路经丝绸之路运出去的茶叶)的如俄罗斯、波兰等国家，都还保持着官话的读音“cha”。至于一开始所提的英文，英国人是喝过一段葡萄牙人运来的茶，后来开始大量购进荷兰茶，就舍弃了原来从中国官话来的“cha”，而改用厦门话“tea”了。其实后来，已经崛起的日不落帝国，不仅靠荷兰的茶商，自己也跑到中国来买茶喝，一时英语里的茶名目繁多起来，像“白毫”(Pekoe)、“祁门”(Keemun)、“乌龙”(Oolong)也都跟着茶叶进入了英文。

茶之一物，不仅读音多变，名称也千变万化。这神奇解忧的小树叶有不下十种称呼——“荼”“茗”“槚”“皋芦”“葭萌”等说的都是茶叶。其中比较常用的是“荼”字，在中唐以前很长的一段时间里，汉语都是用“荼”来指代茶的。“茶”字真正的普遍使用，要归功于陆羽的《茶经》。之前，虽然已经出现了“茶”字作为“荼”的简单形式，但是并没有被大多数人采用，陆羽在《茶经》里，将“茶”这个字作为专门的名称确定下来，统一了之前的各种称呼。先正名，再发展，人们对茶事便有了一个统一的认识。

陆羽号称“茶圣”，是茶文化史上天皇巨星一样的

青白釉茶席

富谷烧供图

人物，说到茶，便处处离不开他。他的《茶经》里开篇就写道：“茶者，南方之嘉木也。一尺二尺，乃至数十尺。其巴山峡川有两人合抱者，伐而掇之。其树如瓜芦，叶如栀子，花如白蔷薇，实如栟榈，蒂如丁香，根如胡桃。”意思是说，茶发源于中国西南云贵、巴蜀一带，乃是南方嘉木。

远在四千七百年前的远古社会，就出现了神农氏拿茶来入药的传说。之后历朝历代，关于茶的记述不胜枚举，《诗经·国风·邶风·谷风》里就有“谁谓荼苦，其甘如荠”的句子，这里的“荼”就是指茶。当年王旭烽的茶人小说《南方有嘉木》里，忘忧茶庄的门旁，就挂着这样一副对联。意思是：谁说茶叶滋味苦，尝起来就像荠菜一样甘美。后面还有一句“燕尔新婚，如兄如弟”，写新婚时的甜蜜时光。但是整首诗的基调并不快乐，讲女子被丈夫遗弃，在新妇进门的日子里千回百转，诉尽愁肠。这一句，快乐的是丈夫和新妇，幽怨的是弃妇。但是几千年过去，人们反而记住了这样欢快的一句，忘记整首诗的悲伤，还留下了“新婚燕尔”这个成语，每每在婚礼司仪口中，都能听到。

茶树起源于我国，不但有史料记载，还有物证。据资料显示，我国是发现野生茶树最早、最多的国家。

云南普洱的哀牢山里，有一株两千七百多年的古茶树，是世界上迄今为止发现的最古老的茶树，和它旁边另一株两千六百年的茶树，繁衍了五十四亩野生茶林。两千七百多年是何等漫长的岁月，那时候，《诗经》里的弃妇正在慨叹茶之苦涩；那时候，东周列国征战，齐桓公称霸中原；那时候，茶尽管是一种草药，可还没有作为饮料流行起来。这株古茶树安静地生长在大山深处，“不知有汉，无论魏晋”，更不知它的子孙会遍布世界各地，成了一种不可或缺的饮料。

知识链接

各国茶叶的名称

英语tea　荷兰语thee　马来语teh　意大利语tè
德语Tea　法语thé　葡萄牙语chá　俄语чай
斯瓦西里语chai　罗马尼亚语ceai　波斯语cha

二、山中叶兮

最近这些年，普洱茶忽然流行起来，先是在广东，之后在上海、北京，全国人民一时都喝起普洱茶来。有人说喝了减肥，有人说喝了清肠，也有人一掷千金求一块已经乌漆麻黑的陈年茶饼。火到最后，竟然直接把主产地云南思茅改名叫了普洱。我们常喝的红茶、绿茶、乌龙茶，大多是散装的茶叶形式，而普洱茶，大多是紧压的一大块茶饼，必须要用专门的茶刀撬开才能冲泡。

这种紧压的茶饼，是一种原始的制茶方法的产物，也是茶叶发源地西南山区的古老留存。远在商末周初，武王伐纣的年代，《华阳国志》里就有西南巴蜀地区的两个小国向周武王进贡茶饼的记载。

茶叶的源头在云南的崇山峻岭里，当地流传着许多关于茶的古老传说。在基诺族的神话里，有个叫尧白的女神，法力无边，基本相当于盘古和女娲的结合体。她不仅创造了天、地、人，还把天下土地分给各部族的人民。基诺族由于不喜争斗，就没有抢到什么好的地盘。女神尧白心地善良，担心基诺族不能生存，就站在一座高山

茶饼

方文林供图

上，抓起一把种子撒下去，从此基诺族居住的地方就有了茶树，成为云南的六大茶山之一。虽然传说不能当成历史来解读，但是在创世神话里不仅有茶的出现，也证明了云南人民认识、利用茶叶是很久远的事情。直到今天，云南很多民族，如傣族、白族等，还保留着很多种原始的制茶方法，把几千年茶史的演变，活生生展现在世人眼前。

虽然茶起源于云南，但是种茶、制茶和饮茶的兴盛却在四川。巴山蜀水之间并不凄凉，茶园和茶山比比皆是，直到今日，成都的茶馆之繁多兴旺，全国罕有城市能够望其项背。云贵高原多山，交通不便，茶从故乡山中沿江河而下，第一站就到了四川。但是蜀道之难，难于上青天，唐代诗人李白尚且如此感叹，先秦时代交通更加不便，所以茶叶和中原文化要等到秦国挥军南下，攻入剑门关，灭掉巴、蜀两国，设置蜀郡的时候，才有了第一次亲密接触。战争使巴蜀地区封闭的环境得以改变，秦朝统一文字、度量衡，大量移民涌入被称为“天府之国”的成都平原，四川一地的茶业、茶文化才逐渐兴盛繁荣起来。从先秦到西晋，巴蜀一地都是全国的茶业中心。

四川有句俗谚道：“头上晴天少，眼前茶馆多。”茶馆之于四川人，如同一粥一饭，是生活中极重要的一部分。在重庆，有些人一起床就要进茶馆，连洗漱都是在茶馆里完成的，之后品茶、吃早点、摆龙门阵，如此过上一整天。

蜀人喜欢饮沱茶，这也是和饼茶差不多的一种紧压茶，主要分绿茶沱茶和黑茶沱茶两种，原产于云南景谷县，也是从云南逐渐传入四川的。当时为了方便马帮运输，就把茶叶压紧成圆锥体，既像个窝头，又像古朴的茶碗。因为它体积比砖茶小，所以更容易分割和售卖。如今云南还是有很多地方生产沱茶，最出名的就是大理的“下关沱茶”。四川也生产沱茶，主要集中在重庆一带，这种茶味道浓郁，留香持久，一盏在手，相对长谈最是合衬，是茶馆天造地设的良伴。所以才有人从清晨喝到中午，临走时还吩咐伙计：“把茶碗搁好，我下午还来！”如果是娇嫩的龙井或者蒙顶黄芽，哪里禁得住这番冲泡。

茶出了剑门关，沿着长江东流，经过三峡荆楚之地，顺流而下就到了陆羽的江南，“沾衣欲湿杏花雨，吹面不寒杨柳风”的地方。江南人喝茶，不同于四川的热闹喧哗，他们喜欢在霏霏细雨的春日，找个依山傍水、一派明秀的地方，以虎跑泉水配明前龙井，安静地坐上一个下午，两腋习习清风生，已经快要成仙飞去。若是到了苏州，还有温软美人唱上两句评弹，顿时不知今夕何年。

江南温柔，喝茶也以绿茶为主。龙井、碧螺春、黄山毛峰、太平猴魁、六安瓜片、信阳毛尖……未经发酵而带来的独特涩味里，是一片荡漾的春日幽情。

离开长江流域，也处处可以见到茶的身影：北京人在茶馆里喝着茉莉香片；广东人就着一杯茶吃着叉烧包和虾饺；上海人孵在茶馆里聊天听评书；福建沿海的渔民，一天劳累之后也不忘泡一道功夫茶；蒙古汉子从马背上一跃而下，帐篷里妻子早就煮好了奶茶……在中国，茶这种饮料的足迹，几乎无处不在。最早的时期，茶叶好像“被薜荔兮带女萝”的女神，不惧险阻，优雅欢畅地自山中走来，走遍中原大地，又走向了整个世界。

知识链接

《登成都白菟楼》

西晋张载

重城结曲阿，飞宇起层楼。
累栋出云表，峣嶭临太墟。
高轩启朱扉，回望畅八隅。
西瞻岷山岭，嵯峨似荆巫。
蹲鸱蔽地生，原隰殖嘉蔬。
虽遇尧汤世，民食恒有余。
郁郁少城中，岌岌百族居。
街术纷绮错，高甍夹长衢。
借问扬子舍，想见长卿庐。
程卓累千金，骄侈拟王侯。
门有连骑客，翠带腰吴钩。
鼎食随时进，百和妙且殊。
披林采秋橘，临江钓春鱼。
黑子过龙醢，果馔逾蟹蝑。
芳茶冠六清，溢味播九区。
人生苟安乐，兹土聊可娱。

三、黑茶一何美，羌马一何殊

提到康定，大部分人都会想到《康定情歌》，想到“跑马溜溜的山上，一朵溜溜的云”，想到这个川西活泼奔放的小城，但是已经很少有人提到，康定也曾是茶马古道上的重镇。川藏南线、北线由此分开，把茶叶运送到林芝和昌都，换回西藏的骏马。康定城在元代尚是一片荒野，后来茶马贸易兴盛，才逐渐发展成为川西北边茶贸易的中心。

茶从云南走出，来到四川，一面顺着长江南下，给整个中原和江南带去缕缕茶香；一面又从发源地云南和兴盛地四川分别去往西藏，给吃肉、饮酪的当地人带去了提神解腻的妙方。直到现在，西部还有句俗谚：“一日无茶则滞，三日无茶则病。”可见茶在传入西藏、内蒙古等地之后，对当地人民的生活造成了多大的影响。

“前面那座山，你是什么山？过了昌都寺，才能到雅安。巴塘奶茶甜，理塘糌粑香。过了八宿，就到芒康。前面那条江，你是什么江？过了中甸城，才能到丽江。大理姑娘好，普洱茶叶香。茶马古道远，人间到天堂。”

白茶

方文林供图

这是电视剧《茶马古道》的主题曲，里面提到的地名，都是川藏、滇藏两条茶马古道上的重镇。

在丽江，当地马夫拉着矮种滇马穿行在密林间的小路上，那是茶马古道；在理塘，马队成群结对地在开满鲜花的草原中穿行，那也是茶马古道。昌都、八宿、芒康、巴塘、理塘、雅安，这是从西藏到四川的路，而中甸、丽江、大理、普洱，是西藏到云南的路，中甸就是今日的香格里拉。是的，所谓的茶马古道，并不是一条路，而是川、滇、藏地区进行茶马互市贸易的若干条通道的总称。主要分为川藏、滇藏两条，川藏又从康定开始分为南北两条线。川藏南线所经过的，就是今天著名的景观大道——318 国道，川藏北线如今也被 317 国道取代，古老的茶马互市贸易，就这样被湮没在历史的潮流中。

西藏高寒，多牧民，虽然养牛羊、骏马是一把好手，但是种起蔬菜来有很多困难。一则海拔高，气候偏冷；二则土质不够肥沃，所以蔬菜很难长成。就算在如今，拉萨城里的蔬菜也大多要靠空运供应，价格非常之贵，在古代则更加稀少，所以茶在游牧民族的生活里简直不可或缺。

开始是民间商人走过川、滇、藏之间艰险的古道，以茶易马，进行贸易。可是没过多久，政府就发现了茶

云南茶马古道路线图
至西藏
香格里拉
丽江
至四川
永胜
大理
永平
至缅、印
腾冲
保山
风庆
景东
临沧
镇沅
至缅甸
景谷
普洱
墨江
元江
石屏
蒙自
河口
至越南
昆明
曲靖
转北京
昭通
转北京
澜沧
孟连
思茅
江城
至越南莱州
景洪
至缅甸
勐海
至缅甸景栋
勐腊
至老挝、泰国
图 例
滇藏茶马古道主干线
贡茶古道（官马大道）主干线
茶马古道支线

云南茶马古道路线图

马贸易的重要性，从唐朝开始，政府就开始实行“榷茶制”。“榷茶制”就是政府对茶叶买卖的专控制度，像盐和铁一样，国家垄断了茶叶的生产和交易。封建王朝为了以茶治边，制定了一系列有关茶的课税、专卖、供奉、茶马互市的法令和制度，主要就是为了以少量的茶叶向边疆地区换取大量的马匹，以供战争需要。官营的茶马交易一直到雍正年间才终止。

茶马古道的茶叶贸易以黑茶为主，从四季温暖的四川或者云南上路，翻雪山，过森林，攀岩壁，越激流，条件非常艰苦。古代开山修路的技术并不发达，川藏、滇藏线许多路段都是靠人和马帮用脚踩出来的。在悬崖边极度狭窄的地方，如果两匹马相逢无法错身而过，就只能由马主人商议作价，把比较瘦弱的马匹扔下悬崖，让对方的马匹通过。每每想到这一画面，都禁不住要打个寒战。黑茶运进西藏，是何等的残酷与艰难！

黑茶传入西藏和西北地区之后，和当地的饮食习惯与风俗结合，发展出了种种与中原地区完全不同的喝法，也形成了许多与茶有关的独特风俗。以藏族为例，藏族人喝茶始于唐代，文成公主入藏，带去了茶叶和饮茶的礼仪规范，直到今天，藏语里的“茶”还采用茶的古称“槚”的发音。然而藏民喜好喝茶，大部分是因为茶叶可以弥补藏地缺少蔬菜的缺憾，且可以防治多种常见病。对于藏民来讲，茶不仅是每天不可或缺的饮料，而且是神圣之物。

藏族人把向来客敬茶视为最高的礼仪，此处所敬的茶，乃是酥油茶。酥油茶是用酥油（牦牛奶中提炼的黄油）和煮好的砖茶混合打制搅拌而成的。因为进入西藏的砖茶多为黑茶，鞣酸的含量比较多，刺激肠胃蠕动，促进消化，空腹饮用的话很容易产生饥饿感，所以要配合热量高的酥油或者牛奶一起饮用。酥油茶奶香浓郁而带有咸味，虽然营养丰富、热量高，但是很多外地人都喝不惯，而另一种甜茶则更受欢迎。

甜茶其实就是奶茶的变种，只是把熬茶的奶换成了牦牛奶，有一种特殊的香气。如今藏族茶馆里多用热水瓶装，买的时候可以买一整瓶，也可以单买几杯，是雪域高寒地区很好的饮料。

在西藏，茶也被赋予了很多宗教意味。大昭寺里珍藏着上百年的茶砖“康砖”，虽然已经没有什么饮用的价值，但还是被僧人视为镇寺之宝。藏民向寺院求“神物”的时候，也包括茶，是与符箓、圣水地位相当的宝物。

藏族寺院里的茶仪，更是规模巨大，华贵富丽，与中原大不相同。两百多年前有一位葡萄牙传教士忽克所著《鞑靼·西藏中国旅行记》书中提到藏族寺院里的茶宴，非常隆盛，“西藏饮茶法，足以惊人。当时系品质优良之茶砖，五块值银一两。茶壶皆为银质，在喇嘛之漆台上，所放之茶壶及茶碗，皆用绿玉制成者，衬黄金色之茶托，甚为华丽……四千喇嘛，各饮两杯，须费银五十六两。行礼仪式，亦足惊人。无数排列之喇嘛，披庄严之法衣而静坐，年轻人端出热气腾腾之茶釜……”比之中原吟风弄月、把盏自斟的茶席，完全是另一种气象了。

茶从四川、云南传入西藏，气质和饮法为之一变，之后又经西藏传入尼泊尔、不丹、印度，散入世界各地。以一种饮料，变化出千百种喝法，又间接地影响了许多地方的民族气质，不能不说是一种奇迹。

四、从蒸青到发酵

最初的茶，是作为药材被发现的。《神农本草经》里说："神农尝百草，日遇七十二毒，得荼而解之。"这里的"荼"就是茶，是说茶有解毒的功效。虽然神农尝百草，遇到茶解毒的故事是个传说，但也从一定程度上证实了先民最早使用茶叶，是作为药用的。那时候对茶的鲜叶并没有什么加工，只是从树上采摘下来生食，也就是神农的吃法。

随着生产力的发展，生活用具逐渐进化，人们开始生火煮水，生嚼茶叶的习惯随之变成了煎服茶叶。煎服的方法同今天煎中药相差无几，都是把新鲜茶叶洗净，放在陶罐中加水煮熟，连汤带叶一起服用。作为药用的茶，连服食方式都和药相差无几，只是不知道解了什么毒，又治好了什么病。

而茶由药转化为饮料，发展出制茶工艺的萌芽，则是在三国时期。那时人们已经可以对茶叶做粗加工，先把茶叶做成饼，然后晒干或者烘干，方便储存。从三国开始，经两晋南北朝，中国经历了数百年的战乱动荡，战乱不仅引起了人口的大迁徙，茶和饮茶之风也随着人口迁徙，从南方传到北方。大一统的唐代，北方饮茶已经渐成习俗，制茶工艺也有了极大的发展。

唐代的茶人把蒸青做饼的方法加以创新，形成了一套完整的体系。蒸青就是用蒸汽将茶芽蒸熟，利用高温杀死叶细胞，使其停止发酵。这个杀死叶细胞的过程，就叫做“杀青”。关于唐代的蒸青工艺，《茶经》里写道：“晴采之。蒸之，捣之，拍之，焙之，穿之，封之，茶之干矣。”同时，唐代的散茶生产也初具规模，蒙顶石花、顾渚紫笋等名茶，都是在唐代出现的。

唐代饮茶成风，茶叶也就成了贡品。朝廷设立了专门的贡茶院来研究制茶工艺，为了获得珍品，投入大量的人力物力，同时也使制茶工艺得到了长足的发展。正是因为有唐代的积淀，北宋年间才能生产出巧夺天工的龙凤团茶。

宋初太平兴国三年（978），宋太宗遣使至建安北苑，督造一种皇家专用的茶，因为专供皇家，茶饼上印有精美的龙凤纹饰，所以叫作龙凤团茶。据赵汝励的《北苑别录》记载，龙凤团茶的制作，分为六步：“蒸茶，榨茶，研茶，造茶，过黄，烘茶。”先取上品茶芽浸泡在水中，挑选整齐匀称的芽叶进行蒸青，之后用冷水清洗，榨去

茶田

孙鹏飞供图

水和茶汁，这道工序叫作压黄、去膏，是制作龙凤团茶最关键的一道工序。去膏之后进行研茶，就是把榨过的茶放入瓦盆内兑水细细研磨。研茶之后的造茶，就是把茶放入制作精美的龙凤模具，压制成茶饼。再把成型的团茶用炭火烘干，是为烘茶。经过这五步，就制成了名冠天下的龙凤团茶。书中的五步描写虽看似简单，但真正制作起来其要求则非常之高，“择之必精，濯之必洁，蒸之必香，火之必良”。

因为是贡品，龙凤团茶周身透着皇家气派，皇帝用的茶，其茶饼表面的花纹皆是以纯金镂刻而成。如此精致的茶，喝茶时的器具也不一般——“玉水注、黄金碾、细绢筛、兔毫盏”。如今喝茶越来越朝日本靠拢，讲究“和敬清寂”，不带一丝烟火气才好，而一千多年前的北宋，茶也有如此辉煌华贵、珠围翠绕的时代。

在蒸青制作团茶的过程中，总会有茶叶苦涩、香味不正的情况。为了改善此种状况，人们蒸茶后开始省略揉、压等步骤，直接烘干，把蒸青团茶改为蒸青散茶，用来保持茶的香味。到了元代，因为蒸青散茶饮用简便，香味纯正，逐渐取代了蒸青团茶，占据了民间饮茶的主导地位，龙凤团茶只供皇家饮用。到了明朝，明太祖朱元璋索性下诏禁止进贡龙凤团茶，又使蒸青散茶的影响

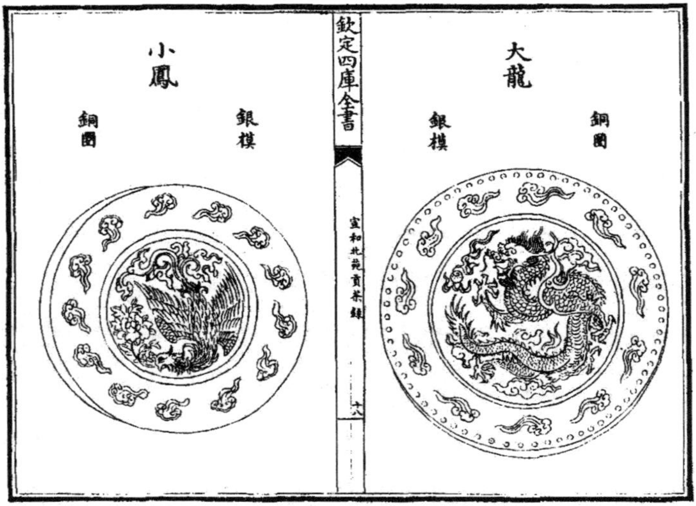

龙凤团茶模具图

力更加扩大。

明清两代，是我国制茶工艺继往开来的时代，主要成就是炒青法的发展和完善。炒青是杀青的另一种工艺，既利用微火使茶叶在锅中迅速萎凋，又用人工揉捻的手法使水分快速蒸发，阻断了发酵的过程。揉捻的轻重不同，做出来的茶风味也就不同。总的来说，炒青的茶香气浓郁，如龙井、碧螺春一类；蒸青的茶颜色更加碧绿，如日本抹茶、恩施玉露等。在明清两代，炒青的绿茶逐渐开始流行，其工艺已经与现代的炒青工艺相差无几。

经过了从蒸青到炒青的发展，明代成为散茶制作的全盛时代，如今的六大茶类有五种在明代兴起——绿茶、黄茶、白茶、红茶、黑茶。而乌龙茶的创制，则要等到清代雍正年间。绿茶主要分为蒸青和炒青两种。黄茶则是在制作绿茶时工艺不当，未能及时摊晾、揉捻，叶绿素被破坏，叶子变黄，出现了黄叶黄汤的特点。明代人认为黄茶品质较差，不可用来品茶、斗茶。但这种黄叶黄汤的风味却得到了后人的欣赏，现代的黄茶都是采取特殊的“焖黄”工艺，来特意营造这样的效果。君山银针、蒙顶黄芽等，都是著名的黄茶。

白茶主要是取芽叶上绒毛丰富的鲜叶，鲜叶要符合“三白”，即嫩芽和两片嫩叶要盖满白毫，采摘鲜叶之后，

红茶

方文林供图

萎凋至八九成干，不炒不揉，只用文火慢烘或者日光晒干。更有上品白茶，讲求摊在月光下慢慢晾干。著名的白茶有福鼎白茶、水仙等。

红茶、青茶、黑茶其实是茶叶在揉捻之后，经过不同程度发酵的产物。由于发酵程度的不同，产生的香气有所不同。绿茶是不发酵茶，自有苦涩的香气，有的绿茶还有蔬菜香。之后是青茶，也就是乌龙茶。乌龙茶产生于清代的福建，先用绿茶制法，炒青、揉捻，再用红茶制法，将之焙干，使茶叶轻微发酵，介于绿茶和红茶之间。这样比较轻的发酵使得乌龙茶生出花果香，如铁观音、凤凰单枞等。而发酵得再深一点，就是红茶。

最早的红茶出现在16世纪的福建，崇安的小种红茶至今还在以“正山小种”之名流行。红茶在揉捻的工序之后，还有一道发酵工序，使得茶叶显出红片红汤的特点。红茶是全发酵茶，香气离自然植物的香气比较远，更接近糖香，所以在向国外流传的过程中更容易被接受，也成为饮用范围最广的种类。比较著名的红茶有祁红、滇红等。

黑茶的制法，虽然也要发酵，但是与红茶不同。黑茶产生于明代中叶，和红茶的主要区别就是杀青之后先不氧化，直接揉捻，然后堆放发酵，叫作“渥堆”。由于揉捻后茶青还是湿润的，利于微生物生长，既造成了另一种形式的发酵，也形成了黑茶叶底黑褐、汤色红褐、香味醇厚的特点。最著名的黑茶是云南的普洱茶。西北地区的少数民族对黑茶尤其钟情，通过茶马古道换取了无数的茶砖，发展出边疆地区独特的奶茶文化。

知识链接

制茶术语英译

茶树 teabush　蒸青 steamfixation

炒青 stirfixation　采青 teaharvesting

揉捻 rolling　干燥 drying

萎凋 withering　渥堆 piling

发酵 fermentation　杀青 fixation

五、从煎茶到瀹饮

每年春天，新茶上市的时候，就着阳光，拿出玻璃杯，泡一杯今年的新毛尖，看嫩叶在水里自由舒展。头道苦，二道甜，每一口都是满满春天的香气。这样用沸水直接冲泡茶叶的方式，有个名字，叫作瀹饮，出现在明清时期，是出现最晚的一种饮茶方式。明代之前的人，是不这样喝茶的。

顾炎武在《日知录》里写道："自秦人取蜀而后，始有茗饮之事。"从战国末期秦昭襄王灭巴、蜀两国开始，食茶和饮茶的方法逐渐流入中原。而茶作为一种饮料大行于世，则要等到西汉年间。最初的饮茶法叫作"羹饮"，顾名思义，就是把茶像煮羹汤一样投入容器中煎煮，连汤带茶一起喝下去，如同今日的西湖牛肉羹，不知茶的嫩叶嚼起来是何滋味。到三国两晋时期，羹饮法有所发展，人们把茶叶做成饼状，饮用之前先把茶饼炙烤成红色，再捣成细末放在容器中，倒入沸水，且要加葱、姜、橘皮、盐、薄荷等佐料，犹如今日即食版紫菜蛋花汤的做法。习惯了瀹饮法的现代人，看到此节估计心里要大打问号：这样多

普洱茶饼

方文林供图

的佐料，不仅破坏了茶本身的香气，还有谁愿意喝？但是在两千年前，喜欢喝这种茶羹的人还不在少数。

《世说新语》记载："晋司徒长史王濛好饮茶，人至辄命饮之，士大夫皆患之。每欲往候，必云'今日有水厄'。"可见有人对茶痴迷若狂，也有人并不怎么喜欢，视之为"水厄"。同时，煮制的浓茶叫作"茶粥"，在当时也非常兴盛，有许多人以卖茶粥为业，饮茶便从士大夫阶层普及到平民百姓。

但是在汉代及三国时期，饮茶还是主要兴盛于南方，经过两晋南北朝的民族迁徙和融合，到唐代时，饮茶的习俗才在北方大范围蔓延开来。从中唐开始，由于陆羽的倡导，饮茶法由羹煮变成了清饮，即不加之前的诸多佐料，只用沸水煎煮茶叶，不同的茶叶如末茶、饼茶、散茶等，都有不同的煎煮方式。以饼茶为例，饮饼茶时，先把茶饼放在炭火上烤，去除水分，然后将茶碾成细末备用。煮水时，要沸腾三次，第一次沸腾时，放入一些盐；第二次沸腾时，舀出一瓢水放在一边，把水面搅成漩涡，再将茶末倒入漩涡中；第三次沸腾时，再把舀出的水倒回茶釜里，此时就可以倒茶品饮了。陆羽极端讨厌羹饮法，说煮出来的茶粥里，茶叶的香气被各种佐料掩盖，如同下水道里的水（"沟渠间弃水"），并极力提倡清饮，

①

②

③

④

① 青白釉越窑盏
② 青花梅花压手杯
③ 汝窑豆青釉莲花碗
④ 天目釉斗笠杯

富谷烧供图

但他还是在此保留了一样佐料——盐。

到了宋代，这唯一保留下来的佐料——盐，也被省略不加，成了完全的清饮。自宋太祖以下，宋代的大部分皇帝都喜好饮茶，这使得茶文化大大地发展兴盛，出现了点茶法以及随之而来的斗茶。点茶是把碾细的茶叶末直接放入茶盏里，注入少许沸水，然后用茶筅在碗中调和，叫作“调膏”；再注入沸水同时击拂。如今这种饮用方式仍然在日本茶道里流传，日本人饮用抹茶，就是用的点茶法。但是在点茶法中，茶叶末是要一起喝下去的。

在点茶法中，茶末和汤的比例非常关键，茶多汤少，或者汤多茶少都被视为下品。点茶高手可以使茶面变化出如云似雾的各种景象。若论饮茶之精细微妙，宋代可谓登峰造极。斗茶就是比点茶时得出的汤色、汤花和水痕。汤色以纯白为上，汤花就是水面泛起的泡沫，颜色也以纯白为上。至于汤花泛起后水痕出现的时间，则是越晚越好。若是点茶高手，冲出来的茶汤花细匀，可以紧咬盏沿，久聚不散，叫作“咬盏”，是点茶的最佳效果。因点茶法强调汤色洁白，为了便于观察，深色茶器在宋代颇为兴盛。

陆游的《临安春雨初霁》可以算是宋代伤春诗中最美好的一首：“世味年来薄似纱，谁令骑马客京华。小楼一夜听春雨，深巷明朝卖杏花。矮纸斜行闲作草，晴窗细乳戏分茶。素衣莫起风尘叹，犹及清明可到家。”分茶是当时流行的一种游戏，又叫作“水丹青”，是用沸水在点茶后的泡沫表面冲出字画的形状来，袅袅茶香，配上碗盏中水做骨肉的山水风景，行书狂草，真是不能再风雅了。

到了明代，瀹饮法盛行，再也找不到“水丹青”的影子。皇室禁止进贡团茶，使得散茶大行其道，而且红茶、绿茶、黄茶、白茶、黑茶均已在明代出现。茶的种类大大增加，也为瀹饮法提供了条件。至此，人们终于不再在喝茶时把茶叶一同吃下去，而只喝香气馥郁的茶汤了。明代除瀹饮法外，还出现了紫砂壶，它把饮茶又推向了一个新的高峰。虽然不同的茶类，要搭配不同的器具和瀹饮的手法，但是总体来说，明代喝茶的方式，已经逐渐接近现代。但是煎茶和点茶在明代还有遗存，不知喝惯了清香茶汤的人，再回去喝加盐的茶，会是什么口感。

到了清代，乌龙茶出现，六大茶类都已齐全，瀹饮法更为推广。点茶和煎茶的手法也终于不再出现。清代的皇帝都重视发展茶业，康熙、乾隆两朝尤甚。这两位皇帝赐封了不少名泉名茶，像著名的“碧螺春”茶，就是康熙皇帝赐名的。瀹饮法在清朝达到了鼎盛，如今能够见到的大部分名茶，在清朝基本上都已出现，几乎可以说，我们和清代人喝的茶大部分都相同。

饮茶法从最初的羹饮，到清饮、点茶，再到瀹饮，茶自身的香气越来越被重视，而辅料的作用逐渐下降，乃至于仅剩下水和茶的极简搭配，反而能够最大限度地发掘茶的本质。由繁入简，返璞归真，也可以看作是茶文化的一个发展方向。

知识链接

《澹庵坐上观显上人分茶》

（宋）杨万里

分茶何似煎茶好，煎茶不似分茶巧。
蒸水老禅弄泉手，隆兴元春新玉爪。
二者相遭兔瓯面，怪怪奇奇真善幻。
纷如擘絮行太空，影落寒江能万变。
银瓶首下仍尻高，注汤作字势嫖姚。
不须更师屋漏法，只问此瓶当响答。
紫微仙人乌角巾，唤我起看清风生。
京尘满袖思一洗，病眼生花得再明。
汉鼎难调要公理，策动茗碗非公事。
不如回施与寒儒，归续茶经傅衲子。

第二章，香事

一、杯子里的春天

唐诗《湖州进焙新茶》记载了这样一个场景：“凤辇寻春半醉回，仙娥进水御帘开。牡丹花笑金钿动，传奏吴兴紫笋来。”花团锦簇、春意暖融的宫殿里，宫娥轻笑，金钿颤动，这一切的繁华，只为向半醉的皇帝禀报今年的吴兴紫笋已经送来了。这里所提的“吴兴紫笋”，就是顾渚紫笋，湖州古名吴兴，所以又叫湖州紫笋、长兴紫笋。

顾渚紫笋产于浙江湖州市长兴县水口乡的顾渚山，从唐代开始，就是著名的贡茶。茶圣陆羽喜爱顾渚山，在此游历的时候，还写下《顾渚山记》，盛赞此地云雾缭绕，土地肥沃，人杰地灵，是产茶的好地方。的确，此地出产的茶叶茶芽细嫩，色泽泛紫，其形相抱如笋，所以叫“紫笋茶”。《茶经》里说：“阳崖阴林，紫者上，绿者次；笋者上，芽者次。”须得顾渚茶的上品，才能叫作“紫笋”。这些茶树大都种在山坞里，每个山坞当地人叫作“界”，以西坞界、高坞界、竹坞界等地的茶树最多，所产的茶叶最好，被陆羽称之为“茶中第一”。

相传这种茶是被陆羽发现，并且建议成为朝廷贡品的。顾渚紫笋从唐代广德年间开始正式成为贡茶，直到明代洪武年间罢供，前后六百余年间，一直是皇家的专供茶种。唐代的湖州刺史在顾渚山旁边的虎头岩建有顾渚贡茶院，制作紫笋的规模庞大，最盛的时候有工匠千余人，役工三万人，烘焙工厂百余所，规模之大，即使是如今也鲜有茶厂能够匹敌。即使是这样，每年的贡茶都需要如此庞大的团队劳作整整一个月才能制作完成。因为唐代皇家规定清明节祭祖时用此茶，所以在制作完成之后，只有十天时间快马疾驰运送到长安。湖州距离

青白釉茶席

富谷烧供图

长安有四千里的路程，路上的艰辛可想而知，所以这一批紫笋，又叫做“急程茶”，大有“一骑红尘妃子笑，无人知是荔枝来”的意味。上文所提的“传奏吴兴紫笋来”，说的就是这每年春天的“急程茶”。好茶难得，怪不得皇帝也要半醉而归等着喝茶。

除了皇帝，文人墨客、达官贵人都是紫笋茶的拥趸。当时湖州刺史和常州刺史都好茶，为了交流制茶、品茶的经验，二人在顾渚山上建了个“境会亭”。每到新茶季节，就会带着两州官员齐聚此处品茶。山清水秀，茶香袅袅，不愧是赏心乐事。彼时白居易居苏州，听闻境会亭盛事，心动不已，想要前往品茶，岂料聚会日期前卧病在床，只好作诗表达羡慕之情：“遥闻境会茶山夜，珠翠歌钟俱绕身。盘下中分两州界，灯前合作一家春。青娥递舞应争妙，紫笋齐尝各斗新。自叹花时北窗下，蒲黄酒对病眠人。”（《夜闻贾常州、崔湖州茶山境会想羡欢宴因寄此诗》）作为一个爱茶人，不能亲赴这样的盛会，病卧在床遥想紫笋的清香，着实可怜。

而湖州刺史本人，不仅能实时品尝到每年的新茶，还肩负着督制贡茶的重大任务，每年立春过后，就进山督造，采集、制造、运输都要全程监管，直到谷雨前后新茶制成，才能离开种茶的山坞。曾经有一个叫做裴充的湖州刺史，因为延误了茶期，让朝廷没有如期接到“急程茶”而被撤职。虽然都叫做紫笋茶，但是从唐代到明代再到如今，制法有了很大的变化。唐代是蒸青碾压饼茶，宋代是蒸青模压的龙凤团茶，到了明代就成了炒青散茶。但是明代以后，顾渚紫笋一度销声匿迹，被其他各类散茶所取代，直到20世纪80年代，长兴县的有关部门才重新研制出了半烘炒制的紫笋茶，又以“顾渚紫笋”之名上市售卖，颇得好评。

这种炒制的新式紫笋茶，于每年清明至谷雨期采摘一芽一叶或一芽二叶初展，经摊青、杀青、理条、摊凉、初烘、复烘等过程制作而成。芽叶相抱似笋，上等茶芽嫩叶稍展，形似兰花。所得成品色泽绿翠，银毫明显，茶汤香气清醇甘美，一口喝下，都是春天的气息。无怪乎寻春半醉的皇帝听到紫笋来了，便要赶紧回宫。真正的春天，正在杯子里等着他呢。

二、茶中故旧是蒙山

茶从云南发源，但是制茶业的第一次兴盛，却是在四川。如今我们可以证实的最早开始人工种植茶树的地方，就是四川雅安的蒙山。蒙山位于邛崃山脉之中，被峨眉山、大相岭、夹金山环绕，脚下还有青衣江缓缓流过。蒙山有五座山峰：上清、菱角、毗罗、井泉、甘露，如莲花状簇拥在一起。凡好茶产地，必是云雾缭绕、山清水秀之地，蒙山也不例外。相传大禹治水时曾经在此致祭，在秦汉时期就已经是天下名山。后来佛教传入中国，山势如莲花一般的蒙山又成了佛教名山，山上多建有各种寺庙，蒙山五峰的命名，都与佛教有些联系。蒙顶茶作为贡茶的时候，茶园全部都是由寺院的僧人掌管的。

蒙顶茶的历史非常久远。东汉时期，人们就称蒙山所产的茶叶为“吉祥蕊”“圣扬花”，并把它献给地方官员。到了唐代元和年间，蒙顶五峰的茶园都被划为皇家茶园，蒙顶茶从此成了贡茶，一直到一千多年以后的清朝。关于蒙山茶的来源，有很多传说。其中最著名的，就是甘露禅师吴理真。相传汉朝有一青年，名叫吴理真，某日上山采花，遇见一美貌女子，这女子给了他几颗种子，约定明年种子发芽时就来与他成亲。这女子是青衣江中的一条仙鱼所化，到第二年种子发芽时，果真现身与吴理真完婚。二人婚后在蒙顶山上共同劳作，培育鱼仙拿来的种子，这种子自然就是蒙顶茶。鱼仙为了使茶长得更好，解下身上的白色披肩，化为山间云雾，茶苗得到滋润，更加青翠饱满。可是过了几年，二人生下一儿一女，鱼仙却回到青衣江里。吴理真一生种茶，八十岁时因为怀念妻子，投入古井而逝。据传他在上清峰栽了七棵茶树，“高不盈尺，不生不灭，迥异寻常”。“味甘而清，色黄而碧，酌杯中，香云罩覆，久凝不散”，这就是最早的蒙顶茶了。后人把蒙顶茶称为“仙茶”，并上贡朝廷，得到皇家的赞许。后来有位皇帝感念吴理真的事迹，就把他封为“甘露普慧妙济禅师”，以褒扬其种出仙茶的功绩。

既然是“仙茶”，又是贡茶，采制的时候必然有很多讲究。每年春茶萌发，要由地方官亲自在清明前择吉日，率领僚属及寺院里的所有僧侣朝拜仙茶，之后才能采摘。虽然蒙顶山地方很大，但是作为贡茶的，就只有上清峰那七株传闻为吴理真手植的茶树，所以非常珍稀，采制的时候甚至要数着叶片来采：最初采六百叶，后为三百叶、三百五十叶，最后以农历一年三百六十日定数，每年采三百六十叶，由寺僧中精通制茶者炒制。炒茶的时候还要僧人围绕茶场诵经，之后再放入银瓶内。启运也要选择吉日，焚香沐浴，朝服叩阙之后才能上路。这两瓶茶，是送到京城给皇帝清明祭祀之用的，所以又叫“正贡”茶。之后采制的才是供皇室成员和朝官饮用的雷鸣、雾钟、雀舌、白毫、鸟嘴等不同种类的茶。而这七株蒙顶仙茶，是中国历史上唯一的正贡茶。

所谓的“蒙山茶”“蒙顶茶”，是蒙山所产各类茶叶的总称，具体又有“蒙顶甘露”“蒙顶黄芽”“蒙顶石花”等分类，都是上等好茶，其中又以“蒙顶石花”最为神秘古老。“蒙顶石花”其实是蒙山产的一芽一叶的雀舌绿茶，因为形如林中岩石上的苔藓（石花），故而得名。这是中国最早的扁形绿茶，制作时要经过“三炒三晾”，非常费时费工，产量也很稀少。特级的蒙顶石花，采用明前全芽头制作，一斤干茶需要 4~5 万个芽头，所以十分珍贵。蒙顶石花的制作技法在明末一度失传，后来又被现代人摸索出来，重新生产。此茶极为幼嫩，冲泡时不能直接用沸水，75℃~80℃的水才比较合适，不会把茶叶烫熟，又能激发茶汤的清香。

绿茶

方文林供图

知识链接

《琴茶》

白居易

兀兀寄形群动内，陶陶任性一生间。
自抛官后春多梦，不读书来老更闲。
琴里知闻唯渌水，茶中故旧是蒙山。
穷通行止长相伴，难道吾今无往还？

三、绿乳一瓯胜流霞

安徽六安开始产茶，始于秦汉，兴于唐宋，到了明清时代，已经是著名的贡茶产地。明代许次纾在《茶疏》中说："天下名山，必产灵草。江南地暖，故独宜茶。大江以北，则称六安。"的确，江南天气温暖湿润，适宜茶树生长，而大江以北的名茶的确不多，比较出名的，大概就是六安茶，还有信阳毛尖了。生于江北的六安茶，之所以能够成为名茶，就是因为其地理环境特殊。

安徽省大别山区的六安县、金寨县、霍山县一带是六安茶的主要产区。这里在古代生产片茶，作为贡茶。唐代陆羽提到淮南盛唐县产茶，盛唐县是六安的古称，可见彼时已经以产茶出名。明代徐光启在《农政全书》中记述："六安州之片茶，为茶之极品。"近现代六安出产的六安瓜片，汤色翠绿晶亮，香气清高，味甘鲜醇，也是茶中的上品。六安瓜片根据品质特征分为名片与一、二、三级共四个等级。它是一种片状烘青绿茶，也是绿茶中唯一去梗去芽只留叶片的茶叶。如今的六安瓜片可以分为内山和外山两个产区。内山瓜片产地有金寨县的

鲜叶

孙鹏飞供图

响洪甸、鲜花岭、龚店；六安县的黄涧河、双峰、龙门冲、独山；霍山县的诸佛庵一带。外山瓜片产地有六安市的石板冲、石婆店街道半径 5 公里范围、狮子岗、骆家庵一带。产量以六安最多，品质以金寨最优。

六安瓜片叶缘向背面翻卷，呈瓜子形，故名“瓜片”。叶面自然平展，茶芽肥厚，叶底嫩绿，大小匀整。冲泡后茶叶形如莲花，汤色清澈晶亮，叶底绿嫩明亮，气味清香高爽，滋味鲜醇回甘。这种茶十分耐冲泡，以第二道茶香味最为浓郁。其最佳产地在金寨的齐云山，所以极品又叫“齐云瓜片”“齐山名片”“齐山云雾”等。除各种适合茶树生长的自然条件外，齐云山最得天独厚的地方在于土壤。它的南坡有一个蝙蝠洞，蝙蝠的粪便可以充作茶树肥料，所以蝙蝠洞附近的茶树所产茶叶品质上佳，最为珍贵难得。上品的六安瓜片，汤色清澈碧绿，盛在茶杯中当真胜似流霞。

六安茶虽有几千年的历史，但是大部分制法和茶种都已经消失在时间的长河里。如今硕果仅存的名茶，就只剩六安瓜片。至于这种茶的来源，有两种说法比较流行。

一种说法是，20 世纪初的时候，六安茶行里有个评茶师，从收购的茶叶中拣取嫩叶，剔除梗叶，当做新产品推出，很受大家欢迎。之后便有金寨麻埠的茶行闻风而动，雇用茶工，如法炮制，还起了个名字叫作“封翅”（意为蜂翅）。当地的另一家茶行，也把采回的鲜叶剔除梗芽，并将嫩叶、老叶分开炒制，做出一种形似葵花子的片状茶叶来。这种茶叶色、香、味、形俱佳，成了六安的又一种名茶。

另一种说法是，麻埠附近有个姓祝的财主，是袁世凯的亲戚，经常送点土产孝敬袁氏。袁世凯虽喜好饮茶，但是祝家送的菊花茶、毛尖等他都觉得不满意。于是祝家为了取悦他，不惜工本，做出了一种新茶。这种茶专拣春茶的第一、二片嫩叶，精心炒制，炭火烘焙，就形成了如今的六安瓜片。这种茶果真获得了袁世凯的好评，也逐渐风靡全国。

六安瓜片能够博得诸多茶人的喜爱，是和它独特的制作工艺密不可分的。这种茶叶的制作，有四个技巧，缺一不可。

第一是摘茶等到“开面”，即要等到叶片基本成熟，一芽三四叶的时候才开始采摘。如此可以使叶片内的香气更加浓郁丰厚。第二是鲜叶要扳片，采摘回来的鲜叶，经过摊凉、散热，再进行手工扳片。所谓“扳片”，就是将茶叶的叶片与嫩芽、枝梗分开，这是在中国绿茶制作中独一无二的一道工序。如此既可以摘去叶片，分开老嫩，除杂支劣，保持品质纯一，又可以在扳片的过程中起到萎凋作用，利于叶内多酚类化合物及蛋白质、醣类物质的转化，还可以提高成茶的滋味和香气。第三则是要把老叶和嫩叶分开炒。炒片分生锅和熟锅，每次投鲜叶2至3两。生锅高温翻抖杀青，熟锅低温炒拍成形。第四是碳火拉老火。炒后的湿坯茶经过毛火、小火、混堆、拣剔，再拉老火至足干。拉老火是一道非常关键的工序，是用木炭明火快烘，有人形容其“火光冲天，热浪滚滚，抬上抬下，以火攻茶”，火和茶的冲撞，也是一道奇异的景观。

千年过去，古老的“庐州六安茶”虽然已经不见踪影，但是新制的六安瓜片，仍以其独特的馨香和清爽，征服了各路爱茶人，留得绿乳一瓯似流霞。只恨陆羽早生一千年，不然定能喝到这独一无二的茶。

知识链接

《咏六安茶》

李东阳、萧显、李士实

七碗清风自六安，每随佳兴入诗坛。
纤芽出土春雷动，活火当炉夜雪残。
陆羽旧经遗上品，高阳醉客避清欢。
何时一酌中泠水？重试君谟小凤团！

四、蒸之馥之香胜梅

若论茶史上最出名的地方，除湖州、剡溪、杭州外，少不得提上一笔的，就是宜兴。宜兴古名阳羡，盛产两样东西：紫砂壶、阳羡茶，二者都是上等妙品。如今紫砂壶名声仍然响亮，但是阳羡茶反而大不如前了。殊不知在明清以前，阳羡茶可是要比紫砂壶珍贵出名得多。诗人卢仝那著名的“七碗茶诗”——《走笔谢孟谏议寄新茶》里面写的“新茶”，就是阳羡茶：“闻道新年入山里，蛰虫惊动春风起。天子须尝阳羡茶，百草不敢先开花。”可见阳羡茶在唐代的地位何等尊崇。

阳羡茶的历史也很久远，古称“阳羡贡茶”“毗陵茶”“阳羡紫笋”“晋陵紫笋”。始于东汉，盛于唐朝，成熟于宋、元、明、清，民国时逐渐衰落，如今又复兴起来。综观多种名茶的历史，纷纷在民国时期衰落，又在 20 世纪 80 年代以后复兴，多半是因为清末以后时局动荡，兵连祸结，茶农无心种茶，茶人也忙着逃难，无心品茶了。直到几十年以后的太平盛世，才又恢复了元气，开始用心研究新茶的制法，并恢复失传的古代名茶了。

关于阳羡茶，最早的记载是在东汉末年。《桐君录》中有“西阳、武昌、晋陵皆出好茗”之说，晋陵就是今天的常州，而阳羡（宜兴）当时正在常州的辖区之内，可见历史多么悠久。但是阳羡茶真正的鼎盛时期，还是在唐朝。唐代中期，茶圣陆羽发现了山僧进献的阳羡茶，觉得它“芳香冠世”，并推荐为朝廷的贡茶，由此阳羡茶身价百倍。宜兴现在还有“唐贡山”“唐贡村”这样的地名，以纪念当时的盛景。唐时贡茶是大事，出产贡茶的地方，每道工序都要当地长官亲自监督验看，因为要赶朝廷规定的时间，所以生产贡茶的规模都很大，需要数万工人赶工，才能准时送到皇帝手里。送贡茶启程还要焚香沐浴，选择吉日。当地太守也会在新茶下来之后开茶宴请宾客前来品鉴，阳羡茶浮水，琵琶绕，玉笛回，临高赋诗，蔚为盛事。

到了全民皆好饮茶的宋代，阳羡茶仍为贡茶，而且得到很多文人的推崇。苏东坡每到宜兴，就想着要在这里买块田，盖个房子，种点橘子树养老，可惜他政治上总不得意，半生颠沛，在宜兴养老的美好愿望没能实现，倒是留下了“雪芽为我求阳羡，乳水君应饷惠泉”的名句。

在元代和明代，阳羡茶仍然是贡品，是世间名茶。

但是在明代叶茶逐渐取代了末茶流行起来，随之变化的，还有冲泡方法。瀹饮法的流行，使得宜兴的另一件东西——紫砂壶也逐渐闻名于世。“人间珠玉安足取，岂如阳羡溪头一丸土”，紫砂壶号称“紫玉金砂”，一把可抵一户中产家庭的全部家产，可比阳羡茶值钱得多。但是明代的文人墨客，还是对阳羡茶推崇有加的。周高起在他的《洞山茶系》中赞道：“阳羡茶”以“淡黄不绿，叶茎淡白而厚，制成梗极少，入汤色柔白如玉露，味甘，芳香藏味中，空深永，啜之愈出，致在有无之外”。

清军入关后在江南征战，由于连年战火，宜兴的许多茶园都被夷为平地，损失惨重，阳羡茶的产量也急剧减少，不复往日的风光。到了民国时期，宜兴的茶业更是凄惨萧条。直到20世纪80年代，宜兴的制茶业才大规模地复苏，也制出了很多著名的好茶。

如今宜兴比较著名的茶有阳羡雪芽、阳羡金毫与阳羡青茶等。阳羡雪芽是绿茶，得名于苏轼的诗“雪芽为我求阳羡”。这种茶估计是最接近当年阳羡贡茶的品种了，每年谷雨前采极细的嫩芽制得，颜色翠绿，还能看到白毫，所以叫作“雪芽”。泡茶时要采用中投法，以85℃左右的水泡制最为适宜，茶汤清澈，香气甘醇。但是在唐朝，人们饮茶还要加盐和各种佐料，不知道卢仝

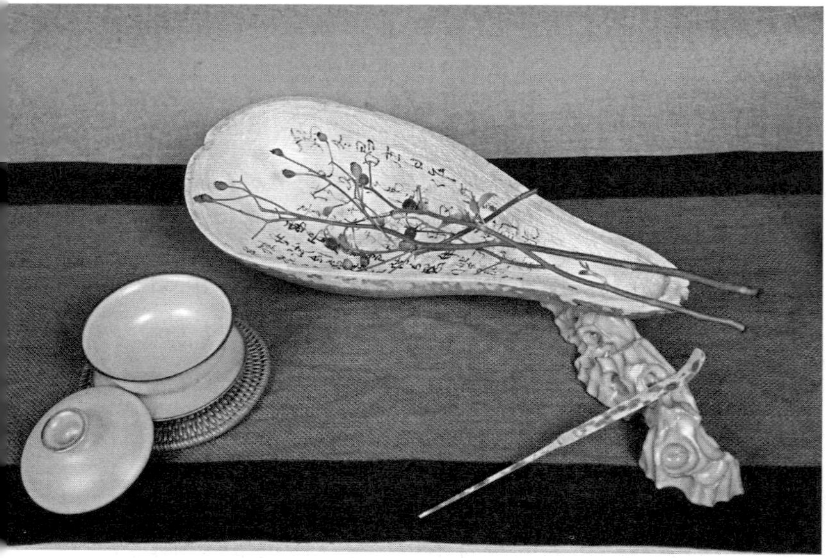

汝窑茶席

富谷烧供图

诗里的阳羡茶，究竟是何滋味。不过能得到“七碗两腋清风生”的评价，想必是不差的。

说到阳羡茶，人们总会想起紫笋、雪芽等绿茶，其实宜兴也出产红茶和青茶。阳羡金毫就是现代宜兴工夫红茶的代表。这种红茶回甘强烈，入口有浓郁的荔枝香，也是在谷雨前后的一周采摘，以一芽一叶或一芽二叶半展为主。喝惯了祁红、滇红，换一下阳羡红茶，也是不错的选择。阳羡产的乌龙茶，香气颇有层次，在热的时候能够显出花香，温的时候则显出果香，冷的时候又显出另外一种果香，这在乌龙茶的主产区福建，也是非常难得的。

提到阳羡茶，总能想到唐宋明月，衣冠风流，如今捧上一杯阳羡雪芽，也能遥遥体会一下古人的心情了。而我们还能喝到阳羡产的红茶和青茶，算起来，要比卢仝、苏轼，都更有口福一点了。忘忧解烦是肯定的，只是不知七碗茶下去，是不是也能两腋清风生，飘飘然往天宫而去。

正山小种

铁观音

方文林供图

五、一碟兰花豆，三杯龙井茶

日前看电影，说有唐时茶铺，制得新绿茶名为雀舌，颇得王公大臣喜爱，成为贡品。之后有外族人意欲颠覆政权，在雀舌茶里下毒，使得皇帝、皇后都中了毒，非要童子尿不能解毒。短短这一段关于茶的情节，错漏百出，令人不忍直视。先是泡茶，端上来三碗茶一清如水，像是龙井的汤色，可是唐时哪有瀹饮法？唐人喝茶，是加了佐料，如一碗粥似的东西。又说雀舌茶，实际上，雀舌并不是一种茶的名字，而是根据采来茶芽的品质进行的分类，最出名的莫过于龙井雀舌茶。所以电影里想说的茶，大概是立夏之前采的三春龙井，比之明前茶、雨前茶，不仅算不得珍贵，也不是唐时的出产。看来拍电影若是想不被挑出毛病，考据功夫当真不能省略。

说到雀舌，就不得不提龙井的采摘。西湖龙井的采制工艺，古来就十分复杂，若非如此，也做不出“中国第一名茶”来。春天被龙井茶农分开为四档，依次采摘青叶。清明前三天采的茶，叫作“明前茶”，只有一颗嫩芽，如同莲子的瓣心，所以叫作“莲心”。一斤干茶需要三万六千颗莲心，而一个熟练的采茶人，每天最多只能采摘十二两。采下后，又必须经过全手工炒制。只有经过大量的人工处理，才能变成珍贵的“明前龙井”。据说最早的明前龙井，需要用未婚女子的双唇采下，以保证其纯净。因为用手指采下的茶叶，总是会有点掐痕，难以去掉。如今虽然改用手来采茶，但也还是有诸多规矩来保证采下的茶叶完好无损。不知未婚女子采的茶，炒过之后是不是还带有双唇的芳香。若是如此，那就不是清高，而是香艳了。

过了清明，在谷雨之前采的茶，叫做“雨前茶”，产量比明前龙井大了很多，没有那么珍贵了。此时的茶有一芽一叶，叶子形如小旗，茶芽挺立，如同长枪，所以叫做“旗枪”。雨前茶虽然不算特别珍贵，但是汤色透亮，香气馥郁，也算是上品好茶了。采过了“莲心”和“旗枪”，过了谷雨，才轮到“雀舌”。立夏之前采的茶，又叫“三春茶”，一芽两叶，如同鸟类的舌头，所以又叫作“雀舌”。因此，“雀舌”只是茶芽的形状，并不是一种茶的名称。虽也有人说“雀舌茶”是都匀毛尖的别称，但都匀毛尖出名也是在明朝以后，而且看影片中茶水的汤色，也更像龙井一些。最后的一拨茶，是四春茶，叫作“梗片”，在三春茶采摘一个月之后开始采摘。到了这个等级的茶，就已经没法喝了，茶农把它们摘下来，不过是给徒弟后代练炒茶技术的。

说到龙井，就会想到一句话“狮峰龙井虎跑水”，这一对茶和水的搭配，才是天下绝品。当然，还得要是明前茶才行。并不是所有的龙井都可以叫西湖龙井，只有狮峰、龙井、云栖、虎跑、梅家坞这五个地方的龙井，才能被称为“西湖龙井”，是龙井中的上品，明前茶甚至要写上炒制者的名字。而狮峰龙井又是上品中的上品，外形挺秀，色泽翠绿，其香如兰。这样的好茶，自然离不开好水。有人说，龙井离了杭州，味道就变得没那么好了，少了一眼虎跑水，即使是明前狮峰龙井，也失色不少。

据说，真正好的龙井“香郁若兰”。笔者某年得明前龙井若干，细细品味，总觉得不似兰花香，百思不得其解，后来才知道，这其实是个天大的误会。所谓的兰香，不是兰花香，而是兰花豆的香。当地茶农认为龙井的香，是油煎蚕豆瓣的气味，也就是“兰花豆”的味道。本来是不觉得的，被人这样一形容，再细细品来，果真有一股豆香。不由得想象在梅家坞山里，茶农闲时，一碟兰花豆，配三杯龙井茶，看着窗外的青山绿水，不知多么悠闲惬意。而被认为清香高妙的龙井，忽然就多了几分烟火气，显得活泼生动了起来。

知识链接

《龙井试茶》

高应冕

天风吹醉客，乘兴过山家。
云泛龙沙水，春分石上花。
茶新香更细，鼎小煮尤佳。
若不烹松火，疑餐一片霞。

六、花开不计年，楼外是青天

在各类茶中，对于时间最没有要求的就是普洱。绿茶不用说，自然是新鲜的好，存放起来诸多限制：要放冰箱，要干燥，不能和有强烈气味的东西共存。尽管如此，时间一久，还是会变质变味，只好丢弃，期待明年的新茶。红茶放久了，如果储存不当，会长霉变味，也不适合久藏。唯有黑茶普洱，可以无视时间的魔力，而且能够越陈越香，不计日月，一饼存上几年、十几年都不会坏，香气反而更加馥郁。

或许是因为普洱的源头，就是从长时间存放开始的。古代的普洱茶是晒青绿茶，产于云南思茅一带。中国最早的野生茶树就在云南，普洱茶的历史，差不多与中国茶的历史一样长。但是它真正出名兴盛起来，要到几千年后的明朝末年了。“普洱”一词第一次出现是在元朝，当时有一个地名叫“步日部”，写成汉字，就成了“普洱”。之前云南产的茶叶，并没有固定的名称，此后也被叫做“普茶”。明代谢肇淛在他的《滇略》中记载：“士庶所用，皆普茶也，蒸而成团。”而普洱茶的名字，

普洱

方文林供图

是在明朝末年才正式出现的。这个茶的名字，前些年也成了思茅市的名字，因为普洱茶，云南多了一个普洱市。

云南多山，古代交通非常不便，运送茶叶只能靠人抬马驮，如果要运到北方地区或者青藏地区，往往要一年半载的时间。作为晒青绿茶的普洱，经历了路上长时间的颠簸，在水、氧气、微生物的共同作用下，产生了微妙的化学反应，经过发酵，便形成了独特的香气。所以古代的后发酵茶，是无意中自然转化的结果。然而，这时间的力量非常令人惊叹，在路上颠簸了一年多，青色的茶饼就变成了黑褐色，泡出的茶味道浓酽，去油解腻，散寒消毒，成了在边地和京城都受欢迎的佳品。据史料记载，清代的皇族定俗，就是夏饮绿茶冬饮普洱。

到了现代，有了飞机火车，交通便利起来，运茶叶出山只要几天时间，没法在路途上使茶叶发酵了。于是人们想出了一种新的办法，叫作“渥堆”，是一种人工发酵的方法。以云南大叶种茶叶制成的晒青茶为原料，人为加水加温，促进微生物的繁殖，使茶叶熟化，再加工成散茶和紧压茶。这样做出来的茶，叫作普洱熟茶，不但口味醇厚，汤色红亮，也更为人们所接受。如果依照老方法先做成晒青茶饼，再放置发酵，叫作普洱生茶。虽然生茶性烈，比较苦涩，但是适合陈放。在合适的条件下，看着普洱生茶一点一点变熟，越来越醇厚柔和，也是一种乐趣。

普洱熟茶有着不同的香气，像参香、枣香等。如今许多人追捧普洱，则是因为它里面含的茶多酚含量比较高，据说有减肥、美容、益寿等各种功效。爱茶人倒没有那么功利，只单纯觉得香气独特，才对它情有独钟。收藏一饼好普洱，放在家里看它产生变化，也有如养育小孩的欣喜。陈放普洱要求的条件非常苛刻，不是随便什么地方都可以放的，若是陈放不当，好好一饼普洱发了霉，才真是暴殄天物。

存放普洱茶，不仅要有流通的空气和恒定的温度，而且必须在干仓陈放。湿仓可以加速发酵，如果是干仓的话，虽发酵过程比较缓慢，但是可以放出普洱茶的真味，不像有些湿仓过于着急求熟，反而把茶放出了霉味。另外，要避免日晒，避免和有强烈气味的东西一起放置。茶叶最能吸收其他气味，放上一段时间，一饼生茶就完全变了味道。为了保持茶的清纯味道，要用竹制品加以包装，如果用塑料纸包裹，不能通风透气，久而久之，就会生出异味。

虽然普洱茶可以长时间陈放，被称为是“能入口的古董”，但其实它也是有寿命的，一般几十年到一百年已经是上限。时间再长的普洱茶，也会像人一样开始衰老，发酵的速度加快，对保存条件要求非常严格。尽管如此，也免不了在若干年后茶味陈化、淡薄，逐渐失去生命力。所以在某种程度上看，普洱的一生，也和人的一生颇为类似。都是少年青涩，青年以后逐渐成熟，然后不断变得圆融，最后老去的过程。若有爱茶人，给自家小孩子存几饼普洱，从出生到死亡，每隔几年便切一点来喝喝，也是很有趣的事情。

普洱茶饼

方文林供图

七、海上生明月，天涯共此茶

中国茶中，最受外国人欢迎的就是红茶。大抵因为红茶发酵比较深，有各类果香花香，醇厚柔和，可以加奶加糖一起饮用。相比之下，比较苦涩的绿茶，其接受度就没那么高了。说到红茶，不得不提起正山小种。这种在明末清初出现的武夷茶，乃是中国最早的红茶，是一切工夫红茶的前身。“正山”是指这种茶的原产地，在武夷山星村镇桐木关一带，除了这里的茶，一概叫做“外山”茶。而“小种”指的是制茶时采用的是小叶种茶树，所以它也可以叫“星村小种”。

关于正山小种的产生，有这样的传说：明朝时候，一支军队由江西进入福建，路过武夷山的桐木关。他们夜里没地方睡觉，就睡在了茶厂里。士兵们不讲究，把绿茶的鲜叶睡在身下，成了床垫。军队离开以后，绿茶的鲜叶都已经开始萎凋，茶农非常伤心，但是又舍不得扔掉这些“次品”茶叶，就用当地生产的一种松木把茶叶烘干，再送去星村镇贩卖。岂料这种奇怪的茶叶，引起了国内外爱茶人的兴趣，需求量越来越大，直到最后，桐木关的茶农完全抛弃了绿茶的生产，改做这种“红茶”。

在清代，中国 85% 的出口红茶，都是冠以正山小种的名义。鸦片战争时期，造成贸易顺差使得英国人非常恼火的那种茶叶，正是桐木关的小种红茶。这种红茶有着非常浓烈迷人的香气，茶叶黑色，茶汤红褐色，香气绵长，不仅带有松烟的香，冲泡后茶汤还有桂圆味，口感非常清爽。然而，正山小种之所以能够风靡西方，除英国女王的珍视之外，大部分还是因为香气浓郁，适合调配奶茶，加奶、加糖饮用别有一番风味。即使是现在，中国出口的红茶里，正山小种还是占很大份额的。出门在外的游子，喝不到梅家坞的新龙井，但是商店里总有正山小种，喝两口，或者拿来煮奶茶，也能一解对茶的相思苦。

除中国人外，英国人爱正山小种也是出了名的。拜伦在他著名的长诗《唐璜》里写道：“我觉得我的心儿变得那么富于同情，我一定要去求助于武夷山的红茶；真可惜酒却是那么的有害，因为茶和咖啡使我们更为严肃。”这里“武夷山的红茶”就是特指正山小种。在英国，这种茶不仅能清饮、加奶，还能与其他茶比如阿萨姆红茶、锡兰红茶之类的拼配在一起喝，也算是一种创新。

正山小种从福建武夷山发源，经由江西传到了安徽的祁门，于是发展出了祁门红茶。同时，鸦片战争以后，英国人来到武夷山，利诱茶工去了印度，种植出著名的大吉岭红茶、阿萨姆红茶。所以，如果说正山小种是世界红茶之祖，也不为过。这种茶可以分为烟种和无烟种，区别在于有没有经过当地特有的松针和木料熏烤。烟种的桂圆香更浓，回味更绵长一点。

正山小种的历史悠久，变种与新制法遍布海内外。而最近这些年，武夷茶人研制出了它的一个新分支——金骏眉，乃是品质相当不错的高端红茶，颇得茶人喜爱。正山小种在中国延续了四百年，桐木关有许多产茶世家，江家是其中的一支，金骏眉的创制人之一江元勋就是江家的后人。从 20 世纪 80 年代开始，他就致力于研制高端红茶，经过改进正山小种的各类制造工艺，终于做出了极其珍稀的红茶金骏眉。“金”是指茶有金毫，“骏”是创制者之一梁骏德的名字，而“眉”既代表茶叶形状如眉，又寓意绵长久远。一个名字里，寄托了创制者的诸多美好愿望。

在中国，上品茶，不论是红茶还是绿茶，都要耗费大量人工，金骏眉也不例外。这种细长如眉、有金色杂毫的茶，完全选用芽头制成，比正山小种一芽三叶的规格高了许多。一斤成品需要五万粒芽头，几乎可以算得

红茶

方文林供图

上是奢侈品了。同时，和正山小种不同，金骏眉没有经过非常长久的烟熏过程，只在萎凋的时候有少部分的烟熏，使得口感比正山小种更加绵甜悠长，连泡十二次之后，口感仍然甘甜。

不同于正山小种“一碗喉吻润”的桂圆香，金骏眉的香气，许多人说是“薯香”。是的，上品金骏眉喝起来就有一种烤地瓜的味道，使人联想起冬日暖阳下手里热乎乎的地瓜。虽然薯香是它的特征之一，但仔细品尝，还能尝出果香、花香等各种不同层次的香气，非常迷人。

金骏眉产量少且价格昂贵，不如正山小种销量大又亲民。无论走到世界哪个角落，爱茶的人，总能发现正山小种的影子。在伦敦的饭店里，享受一顿精致的下午茶，各类点心就着正山小种，一时间不知涌起多少乡愁。

八、画船听雨眠，春水碧于天

中国茶的美好，光听名字就可以知道：碧螺春、绿牡丹、齐山翠眉、顾渚紫笋……仿佛一笔一画写下这些名字的时候，就可以闻到茶的香气。明明是极普通的地名与品种的组合，却偏偏写满了诗情，让人就是冲着名字，也要喝一杯茶。恩施玉露就是这样引起笔者注意的。起初，甚至都不知道这是绿茶还是别的什么茶，只冲着这美丽的名字，在茶楼里点上了一壶。惊觉茶汤竟然绿如春水，不像是炒青茶，倒像是日本的抹茶。回头果然证实，这有着美丽名字的茶，果真是如今已很少见的蒸青绿茶。

蒸青绿茶的历史悠久，是一种很古老的制茶方法，陆羽的《茶经》里所提制茶法，多半使用蒸青法。但是到了后来，炒青法盛行，蒸青茶在中国逐渐销声匿迹，倒是墙里开花墙外香，日本的茶道，反而承袭了唐风，一直采用蒸青茶，甚至直接把他们的蒸青抹茶就叫作“日本茶”。实际中国如今也是有蒸青茶的，其中的佼佼者，就是名字美丽的恩施玉露。日本的蒸青茶“玉露”，做法也与它大同小异。蒸青茶的香气比较近于生茶，略微发涩，有人接受不了，认为有怪味，喝下一口既咽不下又吐不得，露出一脸苦涩表情。但是喜欢的人觉得有雨后森林的自然之味，非常赞赏。

恩施玉露，顾名思义，产于湖北恩施，主要产地是南部的芭蕉乡和东郊的五峰山，据说是清朝康熙年间芭蕉乡黄连溪一个姓兰的茶商研制出来的。当时还是用炒青法，茶叶颜色碧绿，白毫如玉，叫作“玉绿”。到了民国年间，有个叫杨润之的人把炒青法改为蒸青法，做出来的茶油润翠绿，茶、汤、叶底都绿如春水，所以改名叫做“玉露”。

这种茶的采制要求非常严格，上品的恩施玉露，用一芽一叶的鲜茶为原料，芽叶要细嫩、整齐，成茶要紧密挺直、状如松针。沏出来的茶汤鲜绿，叶底也要碧绿如玉。

这种茶的加工分为蒸青、扇凉、炒头毛火、揉捻、炒二毛火、整形上光、烘焙、拣选等工序。杀青自然采用蒸汽杀青，温度在100℃杀青40到50秒。然后用风扇扇凉，起到快速冷却、扇去水汽的作用。这个过程又叫作“水干”。之后在浅盘里加热整形，蒸发水分。所谓的“炒头毛火”也叫作“铲毛火”，是初步把鲜叶卷

茶趣

成条索的过程。之后揉捻，使得茶叶的外形更加光滑挺直，如同松针。之后还要进行制作过程中最重要的一步：整形上光。

恩施玉露和其他绿茶的显著不同，就在于茶叶的光滑油润，而这个特点正是通过“整形上光”完成的。这个步骤又分两步，第一步叫“悬手搓条”，把0.8—1公斤的炒二毛火叶，放在50℃~80℃的焙炉上，两手心相对，拇指朝上，四指微曲，捧起茶条，右手向前，左手往后朝一个方向搓揉，并不断抛散茶团，使茶条成为细长圆形，约七成干时，转入第二步。第二步要交替使用“搂、搓、端、扎”四种手法，继续为茶叶整形上光，直到干燥适度为止。整个过程，约需70~80分钟。然后烘焙拣选，就成了上等茶叶。

每每看到茶的制作过程，都不由得感叹其耗费人工之多，技巧之精湛细腻。我们相信，好的茶叶，是倾注了制作者的感情在里面的，如同上品明前龙井，都要在盒子上标出炒制者的名字。这是他们耐心呵护、尽心竭力制出来的一杯茶，喝的时候，也要抱着一颗真心去感受才是。煦煦春光下，泡上一杯恩施玉露，可以在略微生涩的茶香里一梦千年，回到唐朝的画船上、春水中，听着细雨陷入酣梦。

1

2

3

4

1 汝窑天青釉折枝梅大水平壶

2 青花爱莲说君德壶

3 青花莲蓬君德壶

4 青花莲蓬小西施壶

富谷烧供图

九、萧萧肃肃，爽朗清举

因为气候条件、生长环境、土质水质的关系，向来是南方产好茶，北方省份所产的好茶就没有那么多，但是生长在河南大别山区的信阳毛尖，却是难得的好茶。大别山区独有的温和气候使得信阳毛尖不仅春茶清爽鲜美，就连夏茶和秋茶的品质也非常好。不仅如此，信阳毛尖产地的泉水拿来烹茶更是一绝。明代罗廪在《茶解》里描写自己用山泉水烹信阳毛尖："山堂夜坐，汲泉煮茗。至水火相战，如听松涛。倾泻入杯，云光潋滟。此时幽趣，难与俗人言矣。"

也许是产于北方的关系，相比龙井等诸多南方绿茶，信阳毛尖的香气并不柔美，反而有一种潇洒疏朗的气质。"萧萧肃肃，爽朗清举"是《世说新语》里用来形容嵇康的句子，拿来形容春天谷雨前一芽一叶的新毛尖，真是再合适不过。

有俗谚云，"云雾高山出好茶"，各类名茶产地，总少不了舒润多雾的山地环境，信阳毛尖也不例外。在大别山区，信阳毛尖的主要产地可以分为五云（车云、

青白釉玉壶春瓶

富谷烧供图

集云、云雾、天云、连云五座山）、两潭（黑龙潭、白龙潭）、一山（震雷山）、一寨（何家寨）、一寺（灵山寺）。这些地方都是云雾缭绕、有深潭飞瀑之地，自然也是好茶的故乡。与南方最大的不同点是，大别山区冬日冰雪覆盖，颇为寒冷，无法栽种。也正是这个寒冷的冬天，使土壤的肥力得以保持，并且低温能够杀灭各种病虫害，茶树可以利用这段时间来休养生息。到了清明之前，就可以采摘第一拨新毛尖了。

这个时期的毛尖，被称为“跑山尖”，采的都是嫩绿的芽头，制作一斤特级毛尖要用去十万个芽头。而这些芽头，都是采茶姑娘靠人工一点点摘下来的，而且当天的鲜叶要当天炒完，可见其珍贵程度。之后一次是谷雨前后，也就是我们说的“雨前毛尖”，采一芽一叶初展的嫩叶，味道也颇清爽。过了谷雨，下一次采茶要到芒种，叫作夏茶，而立秋前后采的茶，叫作秋茶。可能是因为茶树生长的环境要比南方严酷，信阳毛尖的香，更挺拔、更清爽一点，可以称为“君子香”。而南方绿茶如龙井，那样柔婉的香气，则更像是“淑女香”。

虽然信阳地处北方，但是产茶的历史已经有两千多年。茶树从云南出发，传到四川，又沿秦岭传到了陕西。秦岭以北气候寒冷，于是就在陕南生了根。之后又沿着汉水传入河南，选择了气候温和的大别山，作为北方的栖息之地。此后的几千年，信阳作为著名的产茶区，一直没有离开茶人的视线，不管是唐时的陆羽，还是宋代的苏轼，都在自己的诗文著作里给信阳茶留下了一席之地。陆羽在《茶经》里把淮南信阳茶列为当世名茶，苏轼更是直接说“淮南茶信阳第一”。如今我们喝到的信阳毛尖，真正出现是在民国时期。1913 年，信阳地区的茶社改良了清末出现的细茶毛尖，做出了品质上佳的本山毛尖，就直接称为“信阳毛尖”。这种茶在 1915 年的万国博览会上拿了茶叶金奖，从此名扬天下。

举凡名茶，总是要有点传说和来历，信阳茶也不例外。很久以前，信阳本没有茶。当地农户得了一种怪病，每日非常疲劳，吃不下喝不下，没几天就会死去。这种怪病还会传染，使得许多村户接连患病，一时间死了很多人。于是，有个叫作春姑的女子为了救大家的性命，跋山涉水四处寻找良药。某日遇到了一个采药的老人，他告诉春姑，往西南翻过九十九座山，越过九十九条江，就能找到一棵包治百病的树。于是春姑一路往西南行去，走了九九八十一天，终于找到了生长神药的大树。守树的老人告诉她，这树的种子必须要在十天之内种进她家乡的泥土，否则就没有效用了。但是路途遥远，春姑没法在十天之内赶回信阳。于是守树的老人就把她变成了一只画眉鸟，飞回了家乡，把种子种到土里，解了当地的瘟疫。这种奇妙的能治病的树，自然就是茶树了。老人让春姑往西南而去，也是暗合了茶树从西南传来的历史。所以即使是传说，也有几分事实的影子在里面。不管怎样，几千年前的某一粒种子在信阳发了芽，使得如今我们每年春天都有上好的毛尖可喝，倒是真正的功德一件。

十、一盏金镶玉，绿波连洞庭

说到洞庭湖上的君山，有人会想起娥皇女英的湘妃竹，有人会想起龙女牧羊和柳毅井，而爱茶的人，会想起黄茶君山银针。中国茶里黄茶算是少数，种类并不很多，而被称为“黄翎毛”的君山银针，可以算得上是其中的翘楚了。

君山银针是很特别的茶，它全部由芽头制成，要在清明前后七到十天采摘春茶的首轮嫩芽，并且有许多规矩，如雨天不采、风霜不采、开口不采、发紫不采、空心不采、弯曲不采、虫伤不采等，而且叶片的长短、薄厚都是以毫米计算，丝毫不能有差错，制作的过程更是十分严谨细致。一斤君山银针的制作，要经过杀青、摊晾、初烘、复摊晾、初包、复烘、再包、焙干等八道工序，约八十个小时才能完成。如此做出来的成茶浑身布满白毫，外形像一棵银针，芽头茁壮，茶芽的内面显出金黄色，所以又叫作“金镶玉”。茶联“金镶玉色尘心去，川迥洞庭好月来”说的就是这种茶叶。

这种茶的制作始于唐代，到清代被列为贡茶。据说文成公主入藏时候所带的茶叶，里面就有君山银针。而最开始的时候，又叫作“白鹤茶”。据说初唐时，有一位名叫白鹤真人的云游道士在君山岛上种了八株茶苗，说是海外神仙给的种子。君山上有一口白鹤井，若是取水冲泡这种仙茶，就能看到水汽中有一只白鹤袅袅成形，冲天而去，所以叫作“白鹤茶”。又因为这种茶冲泡之后颜色金黄，如同雀鸟的翎毛，所以又有个别名叫作“黄翎毛”。这种茶传到了国都长安，被皇帝认可，成为了贡茶，而且需要和白鹤井水一起进贡。某年押运官把装在瓶中的白鹤井水弄洒了，只好取长江水充数。皇帝喝茶时没见到白鹤冲天而去，随口说了一句“白鹤死了”，白鹤井的水就此枯竭，白鹤真人也不见了。但是白鹤茶却流传下来，成了如今的君山银针。

传说虽然不能相信，但是由此说明了君山银针除了清香之外的另一大特性：它是中国茶里少有的观赏茶。冲泡君山银针最好采用玻璃杯，将70℃左右的热水先快后慢注入杯中。冲茶时先倒半杯水，使茶芽吸水竖立，再加至七八分满，此时的君山银针应该是横卧在水面上的。然后在杯口盖上玻璃盖子，茶芽吸水下沉，芽尖就会产生微小的气泡，犹如雀舌含珠。接着茶芽又可以再次浮升起来，如此在几分钟之内“三起三落”，杯中茶

汝窑天青釉抹茶碗

富谷烧供图

芽如飞天一般曼妙舞动，非常有趣。最后打开玻璃盖子的时候，虽没有白鹤，但也有一缕白雾从杯中逸出，最后缓缓消失。这样美妙的茶舞实属罕见，冲泡一回君山银针，当真是美的享受。

知识链接

君山银针茶艺步骤

1. 焚香——焚香静气可通灵。
2. 涤器——涤尽凡尘心自清。
3. 鉴茶——娥皇女英展仙姿。
4. 投茶——帝子投湖千古情。
5. 润茶——洞庭波涌连天雪。
6. 冲水——碧涛再撼岳阳城。
7. 闻香——楚云香染楚王梦。
8. 赏茶——湘水浓溶湘女情。
9. 品茶——人生三味一杯里。
10. 谢茶——品罢寸心逐白云。

十一、无味之味，乃至味也

除了萧萧肃肃如风下松的信阳毛尖，绿茶里还有一位颇有君子气的成员：太平猴魁。单从叶子来看，这种茶就比寻常绿茶大很多，叶片长达 5 ~ 7 厘米，多为两叶相抱一芽，俗称“两枪一刀”。而且叶面扁平，挺直魁伟，全身白毫，含而不露，号称“猴魁两头尖，不散不翘不卷边”。叶子的颜色苍绿中带有一线红，叫作“红丝线”。冲泡之后芽叶舒展，在水中摇曳，似春天萌发的树林，也有人形容是“刀枪云集，龙飞凤舞”。形容猴魁，总离不了刀与枪，可见这种茶是有点阳刚之气的。

君子高洁自赏，如空谷幽兰，而太平猴魁正好带点兰香气，香韵虽然清淡，但是颇为持久。虽然叶片如此巨大，但是泡出来的茶汤却颇为清淡，惯饮碧螺春那样“吓杀人香”的人，初尝太平猴魁可能会觉得淡而无味，但是它的精髓，就在于这一个“淡”字。虽说是淡，但和别的绿茶不同，冲泡太平猴魁的时候，即使放多了茶叶，也不会觉得苦涩，反而有淡淡的回甘，初泡即有淡雅如兰的香气，到三泡四泡，仍然幽香不散，具有独特的“猴韵”。有人说这是“甘香如兰，幽而不冽，啜之淡然，似乎无味。饮过之后，觉有一种太和之气，弥漫于齿颊之间，此无味之味，乃至味也。”无味才是人间至味，何况太平猴魁并不是无味，而是回味绵长，需要时间和耐心去慢慢品味。

人们听到“太平猴魁”这个名字，往往不知道这是一种茶，更不用说分辨出是绿茶还是红茶。说到底，还是因为“以猴为名”有点奇怪。许多传说都说这茶最开始是猴子采来的，之后被人发现，加以利用，才成了今天的名茶。相传在太平县的山坑里住着一位老汉，一日他发现有只老猴病倒在路旁，就挖了个坑把它就地掩埋，还在坟旁种了几株野茶和山花。到了晚上，他梦到老猴对他说：“我的孩子丢了，我日夜寻找，终于累死在路边，如今你帮了我的忙，日后一定会有好报。”老汉并没有当作一回事，到了第二年，他家门口的山坡上长满了绿油油的茶树，嫩叶肥壮，清香沁人心脾，老汉看到树丛中有猴子的身影，知晓是那老猴来报恩，就悉心栽培这些茶树，把遇见猴子的山冈叫作“猴冈”，自己住的山坑叫作“猴坑”。人们喝了这种猴茶之后觉得品质超群，香韵独特，可称为茶中魁首，就给它起名叫“猴魁”了。

猴魁茶的产地集中在安徽省黄山市黄山区一带，主

太平猴魁

方文林供图

产区在新明乡三门村的猴坑、猴冈、颜家一带。黄山区原来叫作太平县，所以那里产的茶就叫作“太平猴魁”。在这些产地中，尤以猴坑高山茶园的茶品质最优，堪称“魁首中的魁首”。一般绿茶求鲜嫩，上等的都采芽头制成，但由于当地特殊的气候、水土条件，太平猴魁的原料却是一芽三叶初展的叶片，所以制出来的茶要比一般绿茶长大许多。虽然不是芽头或者一芽一叶，但是采摘起来的难度毫不亚于明前龙井。因为最早采茶是在谷雨前后，当20%的芽梢长到一芽三叶初展时，即可开园。采茶要在晴天进行，雨天就要停采，而且需要上午采，这样才能保证新茶当天制好。谷雨后每隔三四天采一批，采到立夏便停采，立夏后改制尖茶。采摘的时候要选择云雾笼罩的茶山和茂盛的茶树，取粗壮嫩枝上的茶叶，而且采回的鲜叶还要进行“拣尖”。

有人问，采茶的时候采一芽三叶，那为什么太平猴魁成茶都是两叶抱一芽的？这就是制此茶很重要的一道工序——“拣尖”。一芽带两叶的“芽头”是通过将采回的鲜茶重新拣选而得来的，在拣选的过程中，芽叶过大、过小、瘦弱、弯曲、色淡、紫芽、对夹叶、病虫叶都不可以要，是一项非常耗费人工的劳动。同时，在“拣尖”的过程中，鲜叶都是摊放在各处的，也算是一种轻度的萎凋，便于以后杀青。猴魁的特殊香气，和这个过程有着密不可分的关系。

因为太平猴魁茶叶较大，所以冲泡的时候如玉兰花含苞待放，在水中飘舞，很具有观赏性，所以要选择玻璃杯来泡茶，水温以 90℃为宜。和冲泡君山银针一样，先不要一次把水倒满杯子，要先倒一部分，等到茶叶渐渐舒展开，再继续把杯子倒满。

三泡四泡之后，兰香幽幽还带着淡淡回甘的太平猴魁仍旧很有魅力。如同君子，在经历过劳其筋骨、饿其体肤等一系列折磨后，还能精华内蕴，含而不露，继续成为茶中魁首，这才是无味中的至味。至于那一股充盈在颊间的“太和之气”是何种味道，就要见仁见智了。

十二、白云疑光闪，满盏浮花乳

在中国茶的家族里，最不近烟火气的可能就是白茶了。传说上好的白茶是要摊在月光下晾干的，凉如水的深夜，一片白毫反射着月光，熠熠生辉，当真如同仙境。都说白茶是茶中美人，而白茶中的上品白毫银针，更是银装素裹，香气悠远，美人如花隔云端。白毫银针的制法只有萎凋和烘焙两步，非常之简单。把采回的茶芽放在微弱阳光下萎凋，到七八成干的时候就移到烈日下暴晒到直至完全干燥，之后用文火烘焙。虽然制茶过程较少，但是其中要求的制茶技巧比红茶、绿茶更为精妙。只有精准地控制火候，才能使茶叶在自然缓慢的变化中形成独特风味。是的，即使是白毫银针，也是在太阳底下晾干的，让鲜茶“晒月亮”虽只是一个传说，但却是最符合白茶独特气质的传说。由于没有经过揉捻，需要比较长的时间才能浸出茶汁，香气也比较难散发。冲泡白毫银针的时候要等十分钟左右，汤色呈杏黄色时，才能够浸出香气。

白毫银针的成茶全部采用茶芽制成，芽头肥壮，颜色呈银白色，散入杯中如浮花落雪。有人作诗赞许泡好的白毫银针：“白云疑光闪，满盏浮花乳”。这是说开始的时候披满白毫，状如银针的茶叶浮在水面上，过段时间后一部分沉落杯底，杯中上部和下部的茶芽条条挺立，上下相接，如同石钟乳一般，颇为美丽。喝茶的时候茶芽在杯中升降浮沉，也颇有意趣。

白毫银针的主产地在福建的福鼎市和南平市政和县。如今的白毫银针由古代的白茶演化而来，后者的历史已经有八百多年。沈括在《梦溪笔谈》里记载白茶：“今茶之美者，其质素良而所植之土又美，则新芽一发便长寸余。”可见宋代就有人制作白茶了。白茶的特点在于清新自然，自古就有许多文人赞赏其不沾烟火气：“茶者以火作为次，生晒者为上。亦更近自然，且断烟火气耳。”（明田艺蘅《煮泉小品》）如今的白毫银针是在清末创制，传到现在也有一百余年了。

因为制法和产地不同，白毫银针又分为北路银针和南路银针。产在福鼎市的叫作北路银针，福鼎被称为“中国白茶之乡”，白茶产量大。北路银针的茶树品种是福鼎大白茶，产出来的茶叶叫“福鼎白毫”，是用这种茶树的嫩芽精制而成的。此茶的主要产地在福鼎一个叫“太姥山”的地方，此处产茶的历史非常久远，在《茶经》

中就记载“永嘉县东三百里有白茶山”。古代此处还盛产一种叫“绿雪芽”的名茶，如今已经消失不见了。

政和县产的白毫银针叫作南路银针。产茶的茶树和福鼎的略有不同，叫作政和大白茶。这种茶树的茶芽做出白毫银针来，虽然不如北路银针肥壮，但是香气更为清新浓郁，弥补了外形上的不足。除了白毫银针，政和还产工夫茶，“政和工夫茶”乃是福建三大工夫茶之一。政和出产的白毫银针一度非常昂贵，民国初年每担茶可以卖到银元 320 元的高价。当地流行的谚语说：“女儿不慕富豪家，只问茶叶和银针。”可见白毫银针在当地其地位之高。

白毫银针性寒凉，可消暑降火，最适宜在夏夜如水的月光下泡上一杯，看着杯中茶芽挺立如钟乳，静待茶的香气被水激发。可能第一泡和第二泡尚无甚妙处，忽然到了第三泡，茶汤渐渐变成杏黄色，幽微的香气一下就被激发出来。如同女大十八变的美人，一下把毕生的美貌都在那一刻绽放出来。所以饮白茶，要等，要期待，要参悟，才能喝到某一瞬间的美妙香气。

第三章，水事

一、天下第一泉擂台赛

水对于茶有多重要，真是一言难尽。古人说，“水为茶之母”，好水可以激发茶性，泡出好的茶汤来。许次纾在《茶疏》里写道：“精茗蕴香，借水而发，无水不可与论茶也。”好茶叶的香气，要靠好水来散发，若不谈水而论茶，是没有意义的。水的品质好坏，既然在茶事中占有如此重要的地位，那便少不了有人品评天下之水。为天下泉水排座次的事情，也有不少茶人干过。“天下第一泉”这个珍贵的名号，少不得要有几眼泉水来争上一争。

在中国，被誉为“天下第一泉”的水，起码要有六七处，家家说自己的水最好，几乎可以上演一出擂台赛。最早出场的，是“扬子江南冷水”，被唐代刘伯刍鉴定为“天下第一泉”。“南冷水”又叫“扬子江心水”或者“中冷泉”，是一眼在扬子江心的泉水，处在镇江金山以西扬子江心的石碑山下。因为水位较低，只要扬子江一涨水，就会被淹没，所以取南冷水非常困难，也更显其珍贵。镇江金山一带古来即为风景秀丽的怀古之地，南冷水附近景色秀美，山色空濛，江水浩荡，引得文人和茶人纷纷赞扬，比如文天祥就曾赞叹：“扬子江心第一泉，南金来此铸文渊。”以南冷水泡茶，泡的不仅是茶香，也是悠远意境。古代南冷水是江心的水下涌泉，水深且险，到了清代以后，金山逐渐与陆地相连，南冷水也逐渐靠岸，取用起来方便许多。

但是扬子江心的南冷水，在陆羽的排行里，仅仅排到了第七位。茶圣心里的天下第一泉，乃是庐山的谷帘泉。这眼泉在庐山大汉阳峰以南，是陆羽品评天下之水排出来的“第一泉”，算是权威推荐、正统出身。谷帘

画坯

富谷烧供图

泉从涧谷喷涌而出，泻入深潭，水质清冷香冽，用以煎茶，产生的泡沫细密，云脚如浮云积雪。唐代重视茶面泡沫的产生，所以谷帘泉上位，也属必然。而且，举凡名泉，除了水质上佳之外，周围风景也需配合得当，山幽水秀才能入选。茶道讲究师法自然，清静安定。若处在闹市中心，便是再好的水，只怕也要降上几格。

下一个"天下第一泉"，因为处在金粉繁华地，比谷帘泉和南泠水都要容易去，所以也热闹不少。但是这个"第一泉"的名头，却模模糊糊，有点似是而非的意思。这里说的就是济南的趵突泉。趵突泉其实有三股泉水，处在一个小湖中央，周围小径亭台楼阁环绕，还有个石碑，上书"第一泉"。"趵突"是跳跃奔突的意思，说泉水非常活泼，喷珠溅玉。这个名字，是宋代的曾巩所起，他也在此取水烹茶，吟风弄月。趵突泉由来已久，北魏郦道元的《水经注》中就有记载，其后若干诗文小说，无不褒扬其美。但是这"第一泉"三字，实际指的是济南七十二泉中的"第一泉"，所谓"天下第一泉"，其实是后人的穿凿附会，比之谷帘泉和南泠水，气势上就弱了那么一截。

虽则泉水和沏茶密切相关，但是所谓"天下第一泉"者，由茶人所评出的，也只有谷帘泉和南泠水比较出名。

剩下的“天下第一泉”则可以追溯到各种人身上，比如云南安宁的碧玉泉，就是地理学家徐霞客评出来的。地理学家的眼光和茶人有所不同，碧玉泉首先是一个温泉，泉中有岩石形成天然屏障，把泉水分为内池和外池，可以下池洗浴。内池水波清澈，又有奇石沉底，可以取来烹茶。徐霞客赞叹：“虽仙家三危之露，佛地八功之水，可以驾称之，四海第一汤也。”但是，徐霞客赞碧玉泉神奇，多在于温泉奇石，对于取水烹茶来说，却并不非常相关。所以若是以烹茶论泉水，仍不及南泠水和谷帘泉。

到了清代，乾隆皇帝出了名的好茶，喜欢风雅，于是干了一件很有科学精神的事情：命令工匠制作特殊的银质小斗，每次出行必带上称量当地水重，以此得出最轻的水为“天下第一泉”。据说测量出最轻的水是北京玉泉河和塞外伊逊河，斗重一两。而著名的扬子江南泠水重一两三厘，惠山泉、虎跑泉重一两四厘，平山泉重一两六厘，虎丘和碧云寺重一两一分。天下名水再没有比玉泉山水更轻者，所以玉泉山水被官方封为“天下第一泉”，从此清代皇家用水皆指定玉泉山水。其实还有比玉泉山更轻的水，那就是雪水。红楼梦里妙玉烹茶，用的就是梅花上的雪水。但是雪水并不能时常收集饮用，所以“天下第一泉”就给了玉泉山。

除开“天下第一泉”，还有“天下第二泉”。关于它其实也有很多说法，但是因为一首《二泉映月》和乾隆皇帝（是的，又是乾隆皇帝），无锡的惠山泉俨然成了官方代表。至于“天下第三泉”，虎跑泉搭上龙井，又成了最出名、最被认可的一眼泉了。

其实若单论烹茶，只要水质清甜，便是好水。若再加上风景秀美，山林空寂，心情舒畅，便是人生一大乐事。至于所用之水究竟是天下第几泉，反而没那么重要了。

知识链接

《煎茶水记》中的天下二十名水

庐山康王谷帘水第一；

无锡县惠山寺石泉水第二；

蕲州兰溪石下水第三；

峡州扇子山虾蟆口水第四；

苏州虎丘寺石泉水第五；

庐山招贤寺下方桥潭水第六；

扬子江中南泠水第七；

洪州西山瀑布水第八；

唐州桐柏县淮水源第九；

庐州龙池山岭水第十；

丹阳县观音寺水第十一；

扬州大明寺水第十二；

汉江金州上游中泠水第十三；

归州玉虚洞下香溪水第十四；

商州武关西洛水第十五；

吴淞江水第十六；

天台山西南峰千丈瀑布水第十七；

郴州园泉水第十八；

桐庐严陵滩水第十九；

雪水第二十。

二、品鉴力之妙

张岱的《陶庵梦忆》里，写了一段关于品鉴泡茶之水的闲事，叫作“闵老子茶”。大意是说，张岱去桃叶渡寻访一个叫闵汶水的茶人，恰逢闵氏有事出门，等了一天方才等到，原来闵汶水是个婆娑老翁。刚说了没几句话，闵汶水急忙起身，说手杖忘在别的地方，要去拿回来。结果回了家，他发现张岱还没有走，问他来做什么，张岱说：“我仰慕您的大名很久了，今天不畅饮您烹的茶，决不回家。”

闵汶水遇到了同好，自然大喜，便迅速起炉煮茶。他把张岱引到一间屋子里，窗明几净，陈列着各种精品茶器，茶水本身香气逼人，令人叫绝。张岱问闵汶水：“这茶是哪里产的？”闵汶水说：“是阆苑茶。”张岱喝了一口，道：“您别骗我，这茶虽然是阆苑的制法，但是味道不像。”闵汶水问：“那您觉得是哪儿产的？”张岱又喝了一口，说：“有点像是罗岕。”闵汶水吐着舌头啧啧称奇。张岱又问：“水是哪里的水？”闵汶水说是惠山泉。张岱又说：“您别骗我，惠山泉远在千里之外！”汶水说：“不敢瞒你，我取惠山泉水，得要把井淘干，在晚上静候井底涌出新泉，马上取水，放入瓮里。又把山石放进瓮中，用船载到我这儿，就是一般的惠山泉也不及我的水好。”又吐舌头称赞张岱的鉴赏力之奇。话没说完，闵汶水又离开，过了一会儿，他拿了一满壶茶斟给张岱，张岱说：“这茶香气浓烈，是春茶吧，刚才喝的是秋茶。”闵汶水大笑：“我活了七十岁，没见过比你更会鉴赏的人！”二人遂成莫逆之交。

文中写闵汶水，虽已是婆娑老翁，却行动迅捷，面对张岱超凡的品鉴力，时不时吐吐舌头，一派天然纯真。二人知交，大有雪夜访戴、秋风鲈鱼的魏晋之风。再加上本文的主角张岱那神妙的舌头，茶水下口，便能品出水的来源、茶的新旧，更是近乎传说的一番描写。不过对于水的品鉴力，在茶文化史上历来不乏各类传说，最出名的就是陆羽品鉴南泠水的故事。

《煎茶水记》中记载，湖州刺史李季卿在扬州遇到了陆羽，对陆羽说：“您善于茶道，天下皆知。听说扬子江南泠水是天下第一绝妙好水，何不取水烹茶，既有陆君，又有好水，简直是天下第一等的美事。”于是命令帐下的小兵拿着铜瓶去取南泠水。小兵取水回来，陆羽舀了水，说：“这虽然是扬子江水，但不是南泠水，是近岸的水”。小兵说:“我确实到扬子江中取了南泠水，还有几百人跟我一起取水，我不敢说假话”。陆羽继续往外舀水,瓶中的水剩下一半的时候,说,这才是南泠水。小兵见状大惊，跪倒请罪，说自己取水回程途中船遇到风浪，水洒了一半，就取了临岸的水充满瓶中，您鉴水真是神人。在座的人也都佩服不已。虽然这个故事有夸大之嫌，缺乏科学性，又不符合实际，但从中可见古人对于泡茶之水的重视程度。

同样具有这种神妙品鉴力的,还有李德裕同王安石。李德裕是唐武宗时期的宰相，好喝茶，尤其喜欢饮惠山泉，让驿站不远千里为他送水。他嘱咐去镇江公干的亲信：“等你回来的时候，顺便帮我取一壶金山下扬子江中的急水。”亲信当时应承，之后却给忘了，船到了石头城才想起来，于是就在江里取了一瓶水带回去献给李德裕。李德裕用之烹茶,饮后非常惊讶:“今年江南的水，和往年不太一样啊，喝起来有点像是建业（南京）石头城下的水。”亲信发现谎言被戳穿，只好道出实情。

同样撒谎被戳穿的，还有鼎鼎大名的苏东坡。他被王安石刁难的故事见于《警世通言》中的“王安石三难苏学士”。王安石老年患痰症，太医院开了个方子，说要瞿塘中峡的水煎阳羡茶服用，方可去根。王安石求皇帝赏了阳羡茶，恰好苏东坡回四川老家，就托他帮忙取瞿塘中峡的水回来。苏东坡一口应承下来，到了三峡，却陶醉于两岸风光不能自已，直到下峡，才想起来要给王安石取水。于是就地取材，舀了一瓶水带回去。这样的传说里，胡乱打水都是要穿帮的，果然王安石一煎茶，就发现是下峡的水。苏东坡的反应照例是“大惊”，便问王安石如何得知。王安石说：“瞿塘峡的水性，《水经补注》上说，上峡水性太急，下峡太缓，只有中峡缓急相伴，太医就是知道这一点，才给我开药让用中峡的水煎茶服用。这水烹起阳羡茶来，上峡味浓，下峡味淡，只有中峡味道在浓淡之间，非常相宜。你带回来的水烹茶，半天茶色才显现出来，定然是下峡的水。”苏东坡被现场戳穿谎言，只好离席请罪。

在茶史上，关于品鉴力的神话不胜枚举，若是单论可信度来说，无论陆羽品鉴南泠水，还是王安石品鉴瞿塘峡水，都不那么可信，惟张岱的《闵老子茶》更近真实。但是细读关于品鉴的传说，总能看到主角的一颗爱茶之心。烹茶风雅事，也未见哪个取水的人由于撒谎掉了脑袋，倒是温和得多。至于茶人的品鉴力，虽然未必有传说中的出神入化，但是舌头也足够神妙，如张岱一般尝出春茶秋茶、何种制法，还是可以实现的。

三、何处寻得无根水

乾隆皇帝用特制银斗称遍天下名水，得出结论是玉泉山的水最轻，于是封为“天下第一泉”。但是在他的称量结果里，还有一种水比玉泉山的水还轻——雪水。只是雪水已经在另一个层面上，和春雨、夏露、秋霜为伴，称为无根水。古人认为，无根水是最清洁、最软的水，用来泡茶，自然也最为相宜。

无根水又叫“天水”，是指天上落下，还没有落地的水。依如今的眼光看来，就是变相的蒸馏水。古代没有净水设备，天上落下的水，相对来说是最纯净的水。但是现代空气质量堪忧，污染严重，雨水即使没有落地，也并不清洁了，于是无根水饮茶的风雅事，便越来越少见。

在古代，收集无根水，对于茶人来说，是一件难得的妙事。茶人收集初雪之水、荷叶上的露水、梅花上的雪水，只为泡出一杯完美的茶汤。对于无根水描写最精妙华丽的，莫过于《红楼梦》。先是第七回中讲薛宝钗的冷香丸，薛宝钗幼年得了热病，需要吃一种叫“冷香丸”

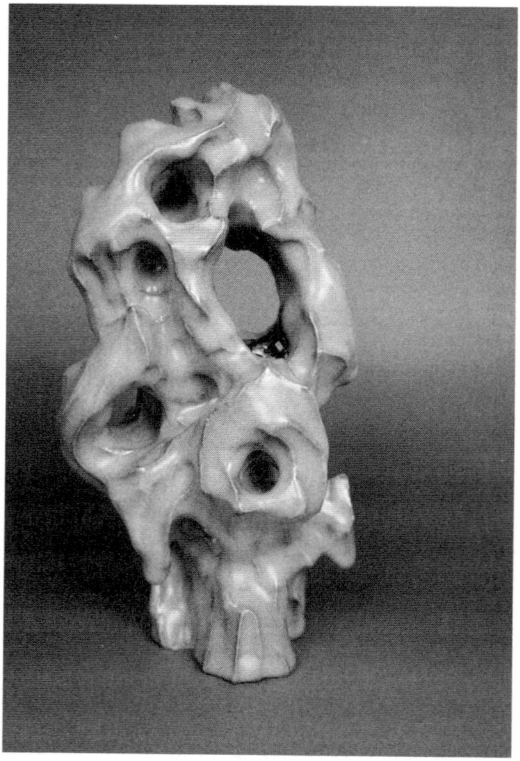

汝窑天青釉仿太湖石

富谷烧供图

的药，“这药做起来可是费劲，需要将白牡丹花、白荷花、白芙蓉花、白梅花花蕊各十二两研末，并用同年雨水节令的雨、白露节令的露、霜降节令的霜、小雪节令的雪各十二钱加蜂蜜、白糖等调和，制作成龙眼大丸药，放入器皿中埋于花树根下。发病时，用十二分黄柏煎汤送服一丸”。其中“雨水节令的雨、白露节令的露、霜降节令的霜、小雪节令的雪”，便是无根水的高级形式了。如此大费周章做出来的药，先不说疗效如何，只想一想便觉得馨香满口了。

无根水的主要用途就是煎药和泡茶，同样的在《红楼梦》里，关于无根水泡茶的描写，也极尽风雅之能事。妙玉收的那一瓮梅花上的雪水，简直令人心荡神摇。第四十一回“贾宝玉品茶栊翠庵，刘姥姥醉卧怡红院”一节，写贾母带着一群人来妙玉处品茶，妙玉拿出旧年藏的雨水同老君眉献给贾母。至于老君眉是何种名贵茶叶，那就是另一桩公案了，如今最常见的说法，是指君山银针。等到宝玉、黛玉去她房中吃“体己茶”，待遇又上了一个等级，不仅茶具由“成窑五彩小盖钟”换成了“王恺珍玩”等各式珍稀茶具，烹茶的水更是上了一个等级：“这是五年前我在玄墓蟠香寺住着，收的梅花上的雪，共得了那一鬼脸青的花瓮一瓮，总舍不得吃，埋在地下，今年夏天才开了，我只吃过一回，这是第二回了。”黛玉没有吃出是“梅花上的雪”，还遭了妙玉一通抢白。

先不论梅花上的雪水泡出茶会不会带花香，单是拿着小扫帚将雪扫下来存进瓮中这行为，就已经十分趣致，引人无限遐思，可与黛玉葬花一比。雪水烹茶也非妙玉的专利，古来文人雅士都喜欢行此风雅事，白居易就写过“吟咏霜毛句，闲尝雪水茶”的句子。陆游也有一首写雪水烹茶的《雪后煎茶》：“雪液清甘涨井泉，自携茶灶就烹煎。一毫无复关心事，不枉人间住百年。”

除雪水外，使用最多的无根水便是雨水。露水与霜都稀少难得，但是收集雨水也有讲究。首先定然是不能落地，其后对于雨势大小、下雨的季节都有要求。梅雨时节日日飘飞的细雨乃是上品，倾盆大雨就差了点意思，秋天凄风冷雨，总有那么点孤寒。所以雨水中的上品称为“梅水”，是指梅雨时节收集的雨水。古时南方习惯在梅雨季节刚开始的时候用一只大缸贮存雨水，以备日后烹茶之用。《昆新合志》记载：“其甘滑胜山泉，嗜茶者所珍也。”

至于用露水烹茶，虽然少见，但是也还有记载，其中最风雅的就是荷露。乾隆皇帝嗜茶，命人把荷叶上的露珠收集起来烹茶，还写了一首叫作《荷露清茗》的诗来记述。但是皇帝下令，宫人集露总归还是少了情趣。若说露水烹茶，最美好的描述莫过于《浮生六记》中沈三白写陈芸娘为他烹茶：“在夏月荷花初开时，晚含而晓放。芸用小纱囊撮茶叶少许，置花心。明早取出，烹天泉水泡之，香韵尤绝。”荷香清露为伴，不知有多么惬意潇洒。不过联想后来沈、陈二人的悲惨结局，不由得生出一丝愁怨来。世间情事，果真不如意者十之八九。恩爱美满如斯，也免不了生离死别。

知识链接

《红楼梦》第四十一回，妙玉品茶一节原文

当下贾母等吃过茶，又带了刘姥姥至栊翠庵来。妙玉忙接了进去。至院中见花木繁盛，贾母笑道：“到底是他们修行的人,没事常修理,比别处的越发好看。”一面说，一面便往东禅堂来。妙玉笑往里让，贾母道：“我们才都吃了酒肉,你这里头有菩萨，冲了罪过。我们这里坐坐，把你的好茶拿来，我们吃一杯就去了。”妙玉听了，忙去烹了茶来。宝玉留神看他是怎么行事。只见妙玉亲自捧了一个海棠花式雕漆填金云龙献寿的小茶盘，里面放一个成窑五彩小盖钟，捧与贾母。贾母道：“我不吃六安茶。”妙玉笑说：“知道。这是老君眉。”贾母接了，又问是什么水。妙玉笑回：“是旧年蠲的雨水。”贾母便吃了半盏,便笑着递与刘姥姥说：“你尝尝这个茶。”刘姥姥便一口吃尽，笑道：“好是好,就是淡些，再熬浓些就更好了。”贾母众人都笑起来。然后众人都是一色官窑脱胎填白盖碗。

那妙玉便把宝钗和黛玉的衣襟一拉,二人随他出去，宝玉悄悄的随后跟了来。只见妙玉让他二人在耳房内，宝钗坐在榻上，黛玉便坐在妙玉的蒲团上。妙玉自向风炉上扇滚了水，另泡了一壶茶。宝玉便走了进来,笑道：“偏你们吃梯己茶呢。”二人都笑道：“你又赶了来饕茶吃。这里并没你的。”妙玉刚要去取杯，只见道婆收了上面的茶盏。妙玉忙命：“将那成窑的茶杯别收了，搁在外头去罢。”宝玉会意，知为刘姥姥吃了，他嫌脏不要了。又见妙玉另拿出两只杯来。一个旁边有一耳，杯上镌着“𤫩瓟斝”三个隶字,后有一行小真字是“晋王恺珍玩”，又有“宋元丰五年四月眉山苏轼见于秘府”一行小字。妙玉便斟了一斝，递与宝钗。那一只形似钵而小,也有三个垂珠篆字，镌着“点犀䀉”。妙玉斟了一䀉与黛玉，仍将前番自己常日吃茶的那只绿玉斗来斟与宝玉。宝玉笑道：“常言‘世法平等’，他两个就用那样古玩奇珍,我就是个俗器了。”妙玉道：“这是俗器?不是我说狂话，只怕你家里未必找得出这么一个俗器来呢。”宝玉笑道：“俗说‘随乡入乡’，到了你这里，自然把那金玉珠宝一概贬为俗器了。”妙玉听如此，十分欢喜,遂又寻出一只九曲十环一百二十节蟠虬整雕竹根的一个大盏出来,笑道：“就剩了这一个，你可吃的了这一海?”宝玉喜的忙道：“吃的了。”妙玉笑道：“你虽吃的了,也没这些茶糟蹋。岂不闻‘一杯为品，二杯即是解渴的蠢物，三杯便是饮牛饮骡了’。你吃这一海便成什么?”说的宝钗、黛玉、宝玉都笑了。妙玉执壶,只向海内斟了约有一杯。宝玉细细吃了，果觉轻浮无比，赏赞不绝。妙玉正色道：“你这遭吃的茶是托他两个的福，独你来了,我是不给你吃的。”宝玉笑道：“我深知的，我也不领你的情,只谢他二人便是了。”妙玉听了，方说：“这话明白。”黛玉因问：“这也是旧年的雨水?”妙玉冷笑道：“你这么个人，竟是大俗人,连水也尝不出来。这是五年前我在玄墓蟠香寺住着，收的梅花上的雪，共得了那一鬼脸青的花瓮一瓮，总舍不得吃，埋在地下，今年夏天才开了。我只吃过一回，这是第二回了。你怎么尝不出来？隔年蠲的雨水那有这样轻浮,如何吃得。”黛玉知他天性怪僻,不好多话，亦不好多坐，吃过茶，便约着宝钗走了出来。

宝玉和妙玉陪笑道：“那茶杯虽然脏了，白撂了岂不可惜？依我说，不如就给那贫婆子罢，他卖了也可以度日。你道可使得？”妙玉听了，想了一想，点头说道："这也罢了。幸而那杯子是我没吃过的，若我使过，我就砸碎了也不能给他。你要给他，我也不管你，只交给你，快拿了去罢。"宝玉笑道："自然如此，你那里和他说话授受去，越发连你也脏了。只交与我就是了。"妙玉便命人拿来递与宝玉，宝玉接了,又道："等我们出去了，我叫几个小幺儿来河里打几桶水来洗地如何？"妙玉笑道："这更好了，只是你嘱咐他们，抬了水只搁在山门外头墙根下，别进门来。"宝玉道："这是自然的。"说着，便袖着那杯，递与贾母房中小丫头拿着，说："明日刘姥姥家去,给他带去罢。"交代明白，贾母已经出来要回去。妙玉亦不甚留，送出山门，回身便将门闭了，不在话下。

四、好茶须得好水烹

明代张大复在《梅花草堂笔谈》中说："茶性必发于水，八分之茶，遇十分之水，茶亦十分矣；八分之水，试茶十分，茶只八分耳。"水质对于茶的重要性可见一斑。一杯茶是茶与水的结合体，在某种程度上来说，水的作用可能还会超过茶。所以对于泡茶之水，选择起来自然有各种讲究。

我国最早提出要鉴水的是唐代的刘伯刍，而最出名、流传最广的鉴水方法，则出自陆羽的《茶经》："其水，用山水上，江水中，井水下。其山水拣乳泉、石池漫流者上，其瀑涌湍漱，勿食之。久食，令人有颈疾。又水流于山谷者，澄浸不泄，自火天至霜郊以前，或潜龙蓄毒于其间，饮者可决之，以流其恶，使新泉涓涓然酌之。其江水，取去人远者。井，取汲多者。"除却天上落下的无根水，泡茶之水，泉水为上，江水为中，井水为下等。取水要远离人多污染之地，重活水而轻死水。

陆羽认为择水有五个要点：源头、活水、清水、甘水、轻水。

取水首先要问源头，“泉从石出清更洌，茶自峰生味更圆”。石中流出的泉水非常适合煎茶，但是并不是处处都有名泉配好茶，茶人就要因地制宜，自己“养水”。比如取江水，应该在上游人迹稀少幽静之处，于夜半取水，左右搅拌。三日后自缸心轻轻舀水入另一空缸，待另一缸装满七八分，则将原缸水中的沉淀物倒出。如此反复三回，就可以煎茶了。不过这是古人的办法，如今有了各种过滤设备，倒是不担心水中有杂质了。至于井水，虽然井水近地表，易受污染，不适宜泡茶，但是远离地表的深井水，还是清甜甘美，可以拿来泡茶的。

第二个原则，是要活水。如果不是活水，不能使茶的香气发出来，便算不得好水。不管是江水还是井水，总归是要活水才好。

下一条是要清水。《茶经》中一再强调要山泉水，即使没有山泉水，江水、井水也要远离人烟，求的就是一个“清”字。真水无香，只有纯净的清水泡茶才能完全体会到茶的真味。中国的茶道讲求师法自然，若是人烟稠密之处的水，杂质偏多，又沾了烟火气，自然不适合泡茶。

同时宜茶之水还需要甘美，不是加了蜂蜜、桂花之后的甜香，而是“农夫山泉有点甜”一类由好水自身生发出来的清甜。这种清甜在江水、井水中并不多见，泉水倒是常见。现代山林大肆开发，适合泡茶的清泉越来越难寻，茶人只好寄情“有点甜”的矿泉水了。

最后一条，是轻。所谓的轻，就是软水。乾隆皇帝用银斗量出了最轻的水，封为“天下第一泉”，是说玉泉山的水质最软，钙、镁离子的含量比较少，所以适合泡茶。无根水都是软水，所以才如此受茶人欢迎。但是如今环境污染严重，甚至下起酸雨来，真正纯净的无根水，怕是要到深山老林里才能觅得。至于泉水、溪水、江河水，又叫做暂时性硬水。里面的钙、镁等杂质，可以经过高温煮沸之后分解沉淀，变成适宜泡茶的软水。

有些茶，须得和特定的水一起冲泡，才能使茶性发挥到最好，比如虎跑泉水配龙井茶，扬子江水配蒙顶茶，太湖水配碧螺春，柳毅泉配君山银针。本地茶用本地水来泡，更能激发茶的精华。

以上所说都是古人对于宜茶之水的总结。到了现代，泡茶之水的选择余地越来越小。虎跑泉水越来越少，井水已不多见，好山泉难觅，更不要提江河水污染严重。我们接触最多的，其实是自来水、矿泉水和纯净水。

自来水是经过氯气消毒的江水或者水库水，加之输送的时候携带管道中的若干杂质，用以泡茶，会有损茶的色香味。其中铁离子的含量过高，使得汤色混浊，未消除的氯又可使茶味变得苦涩，难以保持茶的原味，所以并非泡茶的上选。如果非要用自来水泡茶，就需要经过处理、去除杂质的水，否则便有暴殄天物之嫌了。

至于矿泉水和纯净水的选择，则要根据泡茶人的喜好而定。一般来说，矿泉水比较接近山泉水，不同硬度的矿泉水搭配不同的茶，会出现不同的效果。而纯净水不含其他矿物质，可以保持茶的本来风味。

所以为了让茶性更好地发挥出来，很多人会选择矿泉水。如果冲泡发酵比较轻的茶如绿茶、乌龙茶、普洱生茶等，水质稍硬的矿泉水会让茶汤滋味醇厚，回味更强。如果冲泡发酵比较重的茶如红茶、普洱熟茶等，可以选择水质比较软的矿泉水，让茶的味道更加细腻甘甜。

说到底，中国茶本是要在江上清风与山中明月间冲泡品鉴的，求的是一呼一吸顺乎自然，并不追求斗室之内方寸必争的枯寂之道。在高楼大厦里，拿电热炉烧一壶矿泉水，冲进玻璃杯子，对于茶来说，已经只能闻其香而不能知其味了。若是能在杏花春雨的江南，以虎跑水泡龙井茶，看窗外青山绵绵绿水长流，想必是另一番滋味了。

第四章，物事

一、腹有茶香气自华

工欲善其事，必先利其器。说到茶器，在中国茶千年的传承里，烹茶、制茶的方法几经变革，相对应的茶器也在不断变化。陆羽在《茶经》里记述了当时烹茶所用的二十四器。饮一杯茶，非要经过全套二十四件东西招呼才行，可见喝下的一杯茶里，凝聚了烹茶人的多少心血。

茶具的主体自然是壶和杯。制作此二者的材料，开始是陶器，之后制瓷技术发展，瓷器又大为流行。直到明代，紫砂壶作为陶瓷器异军突起，把茶具的制作带入了新的循环。

紫砂虽然兴于明代，但其实在宋代就已经出现。宋代人用点茶法，尚黑色瓷器，紫砂并不流行。直到明代，瀹饮法流行，红茶等发酵、半发酵的茶种出现，这些茶后味醇香，需要冲泡较长时间，浓度较高才能显出茶性。以往的瓷壶泡茶，久泡易馊，而紫砂壶可以使红茶的色、香、味都长久保持，兼之壶形自然温厚，大巧若拙，好的紫砂自然成了茶壶中的神品。

关于紫砂壶泡茶，久泡不馊，也有一个传说。一个瓦匠修房子的时候，一边修一边喝茶，结果房子修完，就把紫砂壶忘在了天花板里，等到很长时间以后再来修房子，发现紫砂壶中的茶仍旧色香味俱全，一点都没有馊。

最好的紫砂出自宜兴。如今的宜兴，就是“阳羡溪头一丸土”的阳羡，不仅出好茶，也出好壶。宜兴出的陶土，用来制紫砂壶最为合适。制紫砂壶的原料称为紫砂泥，又有紫泥、朱泥、段泥之分。紫泥是制壶的主要原料，烧成后可呈碧绿、赭色等各种颜色；朱泥因为原

拉坯成型

富谷烧供图

矿石呈黄色，又被叫做“石黄泥”，产量较少，烧成后有朱砂紫、海棠红等颜色；段泥又叫绿泥，通常用于做壶胎外的粉料或者涂料，使壶的颜色更加多彩。紫砂岩土经过捣碎、过筛、澄滤，变成熟土，然后制成胎坯，入窑烧制。做出来的紫砂壶有肉眼看不到的万千气孔，可以吸附茶汁茶香，经久使用会变得越发光润典雅，隐隐发出幽暗微光，所以才有“养壶”一说。人们相信，一把好的紫砂壶，先用茶汤将壶煮一下，之后每次泡茶，都要用湿毛巾擦拭壶身，久而久之，可以像人一样养出气质神韵来。

紫砂壶由壶盖、壶身、壶底和圈足四部分组成，由于不同部位的细部各有不同，可以产生两百多种不同的形态。

紫砂壶有诸多好处，为茶人所追捧，这其中少不了制壶名家的一份功劳。

最早有记载的制壶专家是金沙寺的一名僧人，他第一个制出阳羡砂壶来。他的姓名已不可考，书中只记载他性情“闲静有致”。大巧若拙的紫砂壶，确实与禅理颇有共通之处。明代崇尚“心学”，讲究“你未看此花时，此花与汝同归于寂”。这种把禅宗、道家和儒家思想混合在一起的“新儒学”，使得茶人的审美也随之变化，在一品一饮中追求自然的真谛，在一把壶中寻得人生的圆满。所以一把好的紫砂壶，当有飘逸自然、闲雅出尘的气韵。

金沙寺的僧人只做出了壶的雏形，而紫砂壶真正的鼻祖，则是龚春。他并不是什么文人雅士，而是明正德年间一个官员吴颐人的书童。传说吴氏未曾发迹之时，曾在金沙寺读书，作为书童的龚春看到寺里老僧用紫泥捏制茶壶，参禅饮茶，就在一旁偷学。后来，他用老僧洗手时沉淀在缸底的陶泥做了一把壶，壶上面仿照金沙寺旁一棵银杏树的树瘿刻了许多花纹。烧成之后，居然非常古朴可爱。他制壶的时候在壶把上刻款识为“供春”，供春壶自此名扬天下。

因为龚春是书童出身，又在金沙寺受禅宗道理熏陶，做出来的壶不仅质朴典雅，还略带泥土气息。而源于供春壶的时大彬所制之壶，则更多了文人气息。时大彬是明代万历年间人，制壶名家时朋的儿子，从小家学渊源，是宜兴制作紫砂壶的一代宗师。时大彬开始的作品效仿供春壶，追求古朴自然，多为大壶。后来与著名茶人陈继儒等过从甚密，遂依从文人饮茶的习惯，改制小壶。著名作品如僧帽壶、葵瓣壶等，在古朴天然中可见精致。同时他又改良了供春壶的制壶技法，使紫砂壶能够凭空由泥片镶接成形。如今三百余年过去，宜兴的制壶匠人还在用同样的技法制作紫砂壶。时大彬的作品很多，据说有数千件，但是流传至今的仅数十件而已，都已是稀世珍宝。

紫砂壶的另一个巅峰，在于陈鸿寿和他的“曼生十八式”。陈鸿寿是清代乾隆年间人，曼生是他的号。他并不会制壶，却是一位卓绝的设计者。陈氏作为江苏溧阳的知县并不出名，一生官运也不亨通，但是作为紫砂壶的设计者、篆刻家和画家，他的名字一直到今日还非常响亮。在陈鸿寿任溧阳知县期间，他和制壶名家杨彭年合作，设计了很多精妙天然的新壶式，由杨彭年制壶，他来题诗作画于其上，制出一套号称“曼生十八式”的传世之作。“棋云”“石瓢”“合欢”“传炉”……把诗文书画和紫砂壶完美地结合在一起，光听名字就能想象是何等清雅美丽。

紫砂之美，在于沉静内敛，取乎天然。历久的紫砂壶，散着茶香，包浆温润，如同一个人，经历了半生沉浮，精华内蕴，只余一点清明光芒自眼底深处射出，腹有茶香气自华。

知识链接

陆羽的烹茶二十四器

1.风炉：生火煮茶之用。

2.筥：以竹丝编织，方形，用以采茶。

3.炭挝：六棱铁器，长一尺，用以碎炭。

4.火夹：用以夹炭入炉。

5.釜：用以煮水烹茶，似今日本茶釜。

6.交床：以木制，用以置放茶釜。

7.纸囊：茶炙热后储存其中，不使泄其香。

8.碾、拂末：前者碾茶，后者将茶拂清。

9.罗、合：罗是筛茶的，合是贮茶的。

10.则：有如现在的汤匙形，量茶之多少。

11.水方：用以贮生水。

12.漉水囊：用以过滤煮茶之水，有铜制、木制、竹制。

13.瓢：杓水用，有用木制。

14.竹荚：煮茶时环击汤心，以发茶性。

15.鹾簋、揭：唐代煮茶加盐去苦增甜，前者贮盐花，后者杓盐花。

16.熟盂：用以贮热水。唐人煮茶讲究三沸，一沸后加入茶直接煮；二沸时出现泡沫，杓出盛在熟盂之中；三沸将盂中之熟水再入釜中，称之谓“救沸”“育华”。

17.碗：品茗的工具

18.畚：用以贮碗。

19.扎：洗刷器物用，类似现在的炊帚。

20.涤方：用以贮水洗具。

21.渣方：汇聚各种沉渣。

22.巾：用以擦拭器具。

23.具列：用以陈列茶器，类似现代的酒架。

24.都篮：饮茶完毕，收贮所有茶具，以备来日再用。

二、千年瓷事几番新

瓷器和茶的缘分，在中国已经流传了千年，而关于瓷和茶的演化历程，却要从一个日本人说起。

以前看过一部漫画，叫作《战国鬼才传》。里面讲日本茶道名家千利休的弟子古田织部，他爱恋茶具成痴，每每遇到“名器”就激动不已，冲动之下做出了许多荒唐事，进而影响了日本战国时代的历史。漫画手法夸张，以古田织部为首的诸茶人，看到名家烧出的茶碗，全部呈目眦欲裂状，继而为茶具的美所震撼，五体投地，甘愿为一只茶杯献出生命，于是将作为漫画主人公的古田织部昵称为“恋物男”。他所恋之物，那看似平凡无奇的乌黑茶碗，在日本被称作“天目茶碗”，得名于浙江天目山。

日本镰仓时代有僧人渡海来浙江天目山学佛，回国时顺便带了一批瓷器茶具回去。彼时正当中国的宋元时代，是黑釉茶具的鼎盛时期。宋代点茶法流行，追求汤色鲜白，兼之斗茶之风大盛，需要观察水痕与泡沫的出现时间及形状，黑色的瓷茶具厚重古朴，可以与鲜白汤色形成强烈对比，自然成了点茶的良配。其中最受人推崇的，就是福建建窑烧制的“建盏”。僧人们带回国的那批茶具，就是“建盏”中的精品。后来日本茶道就以“天目茶碗”来命名黑瓷。

建盏之精美，妙不可言。瓷胎为黑色，釉面上可以显出条状或者斑状的花纹。有银色细流纹的，就是建盏中极珍贵的“兔毫盏”。宋徽宗饮茶，龙凤团茶配兔毫盏，精巧富丽配古朴雅致，均是人间极品。他在《大观茶论》里写道：“盏色贵青黑，玉毫条达者为上”，可见对兔毫盏推崇备至。釉面有一串大小斑点，在光照下显出彩晕的，叫作“曜变盏”，传至日本称为“曜变天目”。盏中宝光流转如宇宙星空，被奉为稀世之宝。其余又有“鹧鸪盏”“滴油盏”（日本叫“油滴天目”）等名品，不一而足。

宋代以后，点茶法逐渐式微，被瀹饮法取而代之，黑瓷也就不再流行了。烹茶、制茶法的变化，都对茶具产生了很大影响。对于茶具来说，只有和茶汤的色调达到最和谐的境地，才是完美的搭配。

比如，唐代最流行的是青瓷。陆羽在《茶经》中对茶器有一段著名的论述：“碗，越州上，鼎州、婺州次；岳州上，寿州、洪州次……越州瓷、丘瓷皆青，青则益茶，

①

① 满窑

② 点火烧窑

2

台北故宫藏哥窑青瓷盆

台北故宫藏汝窑水仙盆

茶作红白之色。邢州瓷白，茶色红；寿州瓷黄，茶色紫；洪州瓷褐，茶色黑；悉不宜茶。”可见唐代茶器以青瓷为上。唐代仍是碾末烹茶，茶汤的颜色多为淡红色，也就是《茶经》中说的“红白”，所以要和青瓷搭配，方能相映成趣，形成一个完整的审美体验。

越州瓷就是越窑出的瓷器。关于越窑，大多数人的体会，估计都是从诗中来：“九秋风露越窑开，夺得千峰翠色来。”这是青瓷中最为神秘罕见的秘色瓷，传说中有如雨过天青一般淡雅微妙的颜色，可惜法门寺出土的秘色瓷真品，全部呈黄绿相间的颜色，并没有像诗中一样有夺人心魄的那一抹青。不知是秘色瓷本就如此，还是在千年沉寂的岁月里经过了其他的变化。但是除秘色瓷以外，越窑所产其他青瓷，也如春水绿云般美丽，温润如玉。不如黑瓷的昙花一现，青瓷茶具在我国一直流行不衰。由唐至宋以至明清，青瓷与茶都是完美的搭配。其实在唐代，北方邢窑所产的白瓷品质亦很高，和南方的青瓷合称“南青北白”，但是当时明显是青瓷更受青睐，白瓷的兴盛，则要等到明清时代了。

哥窑和弟窑（龙泉窑）由一对兄弟章生一、章生二所创。哥窑产出的瓷器因为器物口釉彩下垂，微露瓷胎的颜色，底部又因为垫饼垫烧制，露出如铁的胎色，被称为“紫口铁足”，是瓷器中的上品。哥窑的瓷器，有粉青、灰青、翠青等颜色，又以粉青最为著名。如怀春少女欲说还羞的青色，配澄澈的茶汤，别有一番风情。弟窑的粉青瓷器虽也著名，但更加出名的是绿如翡翠的“梅子青”。

宋代青瓷，最为珍贵的莫过于汝窑。有人赞汝窑瓷器的颜色为“雨过天青云破处”。当时工匠以玛瑙入釉，烧出了极为纯正的天青色。笔者在台北故宫见过汝窑水仙盆真品，那一抹碧色，令人久久凝视，不能转换目光，当真可以称得上是“国色”。汝窑创立于北宋晚期，地址在汝州（今河南临汝）一带，因为当时政局动荡，开窑时间前后不过二十年，所烧出的瓷器极少，到南宋时期已经很是珍贵，能够传世的不过六十五件而已。

汝窑青瓷的主要特点是“青如天，面如玉，蝉翼纹，晨星稀，芝麻支钉釉满足”。能够烧出纯正的天青和天蓝色，是在釉中加入玛瑙的缘故。釉下可见寥若晨星的稀疏气泡，同时又有细如蝉翼的开片纹。开片的形成，开始时是器物于高温焙烧下产生的一种釉表缺陷，行话叫“崩釉”。汝窑的艺术匠师将这种难以控制的、千变万化的釉病，通过人为的操作转换为一种自然美妙的装饰，而且控制得恰到好处，可谓巧夺天工的绝活。汝窑青瓷釉面开片比较细密，多呈斜裂开片，深浅相互交织叠错，像是银光闪闪的片片鱼鳞，或呈蝉翼纹状，给人以排列有序的层次感。釉中细小沙眼呈鱼子纹、芝麻花和蟹爪纹。至于“芝麻支钉釉满足”，则是指烧制时为了避免窑炉内杂质的污染，需用匣钵装好，并将器物用垫圈和支钉垫起，防止与匣钵粘连。汝窑所用的支钉小如芝麻粒，所以叫作“芝麻支钉”。虽然古代名窑已经消弥无踪，名瓷也仅剩寥寥几件传世，但是青瓷至今仍在大量烧制。其色青翠可人，用以衬托绿茶茶汤之美，真是再合适不过了。

明清时代，红茶和乌龙茶的出现使得白瓷和彩瓷流行起来。“白瓷瓯甚洁，红炉炭方炽。沫下麹尘香，花浮鱼眼沸。盛来有佳色，咽罢余芳气。不见杨慕巢，谁人知此味？”白瓷的好处，就在于“盛来有佳色”。无论红茶、绿茶、乌龙茶，乃至白茶，都能很好地与之兼容。上品的白瓷肌理细腻，平匀明润，如同玉器一般。景德镇自宋代起便以烧制白瓷出名，出产的瓷器“白如玉、薄如纸、明如镜、声如磬”，蜚声天下。先有白瓷，后有各种彩绘瓷具。到了明代，白瓷茶具更加完美，在灯下观看釉面，竟能透出极淡黄色，如同象牙，所以有“猪油白”“象牙白”之称，也叫作“甜白”。生产白瓷的除了景德镇，还有福建泉州德化、湖南醴陵、河北唐山、安徽祁门等地。白色是最具包容性的颜色，白瓷茶具配搭任何一种茶叶，都能显示出茶的美好。

彩瓷是用颜料在瓷器上绘制而成的，分为釉下彩和釉上彩。釉下彩是指先在瓷胎上勾图案，然后上釉以高温烧制而成。釉上彩则是在已经烧成的瓷器上绘图案，再以低温烧制。青花、釉里红、斗彩、粉彩、五彩、珐琅彩都是彩瓷的种类。《红楼梦》里妙玉端给贾母的“成窑五彩小盖钟”就是其中的“五彩”品种，先在已经烧成的白瓷上用五彩颜料作画，再经过低温烧制而成，是一种名贵的瓷器。

至于举世闻名的青花，又叫作“白釉青花”，是釉下彩的一种。绘制青花的颜料是氧化钴，经过高温烧制以后呈现美丽深邃的蓝色，又被叫作“中国蓝”。然而这种蓝色颜料，却是成吉思汗西征时从外国带回中原来的。中国的工匠用它在洁白的瓷器上绘制花鸟、山水、虫鱼。白与蓝的鲜明对比，使得青花有了一种独特而奇异的美感，先是征服了中国，继而征服了全世界。青花自元代始，到明朝鼎盛，至清代初年，又为之一变。清代康熙年间的青花，已经富有立体感，不仅绘画的层次感更加鲜明，颜色也更青翠活泼了一些。因为是以白瓷做底，青花同样可以搭配各种茶汤，中国蓝、象牙白，这样的组合永远不会流俗，也不会过时。

茶和瓷器，这两样让全世界认识中国的东西，搭配在一起历经千年，虽然几番变革，但仍显示出旺盛的生命力。只要选对了瓷器，没有什么茶是不能与之搭配的。虽则没有龙凤团茶兔毫盏的奢侈，但是一杯清茶，一盏素瓷，也足以使人觅得一番别样天地了。

知识链接

宋代点茶法盛行，茶器各有别名。烘茶的焙笼叫“韦鸿胪”，碎茶的木槌叫“木侍制”，茶碾叫“金法曹”，罗合叫“罗枢密”，茶磨叫“石转运”，手巾叫“司职方”，全套茶具用“茶亚圣”卢仝的号命名，叫“玉川先生”。

三、不抛弃，不放弃

“不抛弃，不放弃”，这句话似乎出自前些年流行的某部电视剧，后来被养宠物的人常常挂在嘴边。养宠物也是一份责任跟眷恋，一旦开始养，总想着能够厮守终生。惜乎世事无常，总有些人中途改变了主意，放弃了自家的宠物，使街上又多了一条流浪猫或流浪狗。宠物生命长不过十几年，多数时候都比主人先死，那一阵撕心裂肺，倒是很令人不想接受。所以茶人聪明，豢养茶宠，不仅没人强迫你抛弃放弃，养护得法的话，相伴终身自然不在话下，流转千秋万世也是有可能的。

茶宠名为“宠”，却并不是有生命的东西，不过是紫砂或者澄泥所制的小工艺品，喝茶时摆在一边，欣赏把玩。宠物自然是要养的，茶宠不吃狗食猫粮，只需喝茶时以茶汤浇淋其上，或者用茶扫蘸取茶汤遍体涂抹。养护得法的茶宠，不仅遍体茶香，而且温润顺滑，还能和紫砂壶一样出现包浆。虽然是个小玩意儿，若要养好这茶宠，还是需要用心的。滋养茶宠，同时也是在滋养自己的心灵。

茶宠通常体形比较小巧，身体大部分可以蓄水存水。养的过程中，需要用茶水浇灌全身，但是最好不要用残茶，而应该在喝茶的时候一边喝一边用特制的刷子或者笔涂抹在茶宠身上。只有以平常心平等地对待，才能养出温润顺滑的茶宠来。除了每天用刷子清扫，还要定期用软布擦拭摩挲，以期保持顺滑的状态。同时，养茶宠也需要一心一意，只用同一种茶的茶汤滋养出来的茶宠，颜色更加醇和。不过，养茶宠也有捷径——普洱、红茶一类的发酵茶，见效快，不久即可散发出香气。如果是绿茶，估计就要等上一段时间了。在刚把茶宠买来的时候，也可以先人工发酵，把茶宠放到茶桶里闷上几天，其作用类似用茶汤煮新买的紫砂壶。若是并不求快，顺其自然地发酵，就只能慢慢等待了。

有人说，养茶宠也是养自己心的过程，细细想来果真如此。有人一味求快，选择比较简单的方法来豢养，也有人选择比较困难的方法，守性自持，默默等待升华的一日。

常见的茶宠，大多带有吉祥意味，以金蟾、貔貅、大象等为多。

貔貅是龙的第九子，又叫作“辟邪”“天禄”“百解”，是一种凶猛的瑞兽，分雌雄两性，雄性为貔，雌性为貅。

貔貅头上生独角，全身有卷曲鬃毛，生双翼及尾巴，形如一只大狗。传说貔貅有嘴无肛门，能够吞食万物而不排泄，所以人们以它为茶宠，既是取招财纳福的象征，又兼有镇宅的意味。

另一种常见的茶宠是三足金蟾，同样是招财纳福的瑞兽。传说它本是一个妖精，为祸人间，后来被刘海仙人收服，砍断了一只脚，并改邪归正，四处扶危济困，给穷苦的人送钱，于是也成了旺财的瑞兽。金蟾的主要造型特点就是背上的“钱串子”和嘴里含的铜钱。这枚铜钱可以转动，若是用手去转，就谐音为“赚钱”。金蟾的摆放方式也有讲究，含着钱币的金蟾嘴巴不能对着家门，寓意守财，不含钱币的金蟾作用是吸财，嘴巴才可以向着室外。

其余各种茶宠，皆是取吉祥意味制成。如“知足”，是一只蜘蛛趴在圆润肥胖的紫砂小脚丫上，取“知足常乐”的意味。大象善吸水，中国人认为水是财富的象征，所以养大象作为茶宠，也是希望财源广进、吉祥如意。也有金猪，看起来是满足的福相。其他有吉祥意味的动物如麒麟、水牛、乌龟等，不一而足。因为茶宠需要存水蓄水，所以体形比较纤瘦如仙鹤一类的动物，虽然有吉祥意味，但是不适宜做茶宠。总之，茶宠要圆圆胖胖的才好，蹲在茶盘上很是可爱。至于是否能够招财纳福，不过是人们加上去的美好愿望，信与不信，发乎本心。

人们相信茶宠和紫砂壶一样，是有灵性的，经过一段时间的养护，会由内而外透出光泽来。的确，“养”了很久的茶宠，不仅茶香四溢，拿在手里把玩温润如玉，而且眼睛里泛出光泽，炯炯有神。日本也相信茶具有灵性，总有茶釜、茶碗成精，在家里大搞恶作剧的传说。中国的茶宠，本身就具有动物、人物的形态，又有主人长期的悉心养护，比之茶釜，似乎更具灵性，也更容易变成精怪呢。若是某日，有圆胖小狮子入梦来与你嬉戏，未尝不是一件有趣的事。

四、风炉煮茶，霜刀剖瓜

宋代书法家米芾的《宝晋长短句》里有一首“醉太平”，里面写风炉写得极为动人：“风炉煮茶，霜刀剖瓜。暗香微透窗纱，昃池中藕花。高梳髻鸦，浓妆脸霞。玉尖弹动琵琶，问香醪饮么。”高髻浓妆的美人，纤纤素手煮茶、剖瓜，指尖弹动琵琶，一举一动带着窗底暗香，无限温柔缱绻。在不断变化的茶器中，风炉算得上是很有趣的一种。不仅因为其设计精妙，还因为它身上所承载的各色文化符号，读懂风炉，也就读懂了小半部中国茶文化史。

风炉用于煮水，从唐朝开始，已经有一千多年的历史。随着烹茶法的变革和技术进步，如今中国茶大多已经不用风炉烹煮，取而代之的是各式电器产品。在传承了唐宋时期饮茶文化的邻邦日本，风炉和茶釜一起，仍作为重要的煮水器具被保留在茶道里。历史上第一只风炉，是由茶圣陆羽亲手设计、亲手制造的。这个煮水的器具，体量并不很大，但是文化符号无处不在。《茶经》的原文这样写道：“（风炉）以铜铁铸之，如古鼎形。

厚三分，缘阔九分，令六分虚中，致其圬墁。凡三足，古文书二十一字，一足云‘坎上巽下离于中’，一足云‘体均五行去百疾’，一足云‘圣唐灭胡明年铸’。其三足之间设三窗，底一窗，以为通飚漏烬之所，上并古文书六字：一窗之上书‘伊公’二字，一窗之上书‘羹陆’二字，一窗之上书‘氏茶’二字，所谓‘伊公羹陆氏茶’也。置嵲于其内，设三格：其一格有翟焉，翟者，火禽也，画一卦曰离；其一格有彪焉，彪者，风兽也，画一卦曰巽；其一格有鱼焉，鱼者，水虫也，画一卦曰坎。巽主风，离主火，坎主水。风能兴火，火能熟水，故备其三卦焉。其饰以连葩、垂蔓、曲水、方文之类。其炉或锻铁为之，或运泥为之，其灰承，作三足铁柈台之。”

我们且看风炉之一物：用铜铁浇铸，形如古鼎。鼎多三足，所以风炉也有三只脚。它的容器壁厚为三分，边缘宽九分，多出的那六分向内，下面是空的，然后抹上泥土。炉子的每只脚上都刻了一句古文：一只是“坎上巽下离于中”，一只是“体均五行去百疾”，一只是“圣唐灭胡明年铸”。这里的“古文”，是指唐时人们认为的古文，约等于金文、籀文等先秦古文字的统称。“体均五行去百疾”，是认为多喝茶可以强身健体，使得体内水火相济，五行平衡。“圣唐灭胡明年铸”是铸造的

茶趣

翟玉成供图

时间，唐代宗广德二年，即平定安史之乱以后的第二年所铸。“灭胡”即为平定安史之乱。

而最富文化意味、最难理解的，则是第一句“坎上巽下离于中”。“坎”“巽”“离”是八卦中的三个卦象。“坎”卦代表水，“巽”卦代表风，“离”卦代表火。坎上巽下离于中，意思是茶釜中的水在上，炉子里燃烧的火在水下，炉子下面又有空气流通。不仅如此，这三个卦又可以组成具有吉祥意味的两个卦象：水火既济和火风鼎卦。坎卦和离卦可以组成《易经》第六十三卦水火既济，《易传》说：“彖曰：既济亨，小者亨也。利贞，刚柔正而位当也。初吉，柔得中也。终止则乱，其道穷也。象曰：水在火上，既济；君子以思患而预防之。”除了非常形象地表示出火上有水壶煮水的情况之外，还包含礼义智慧俱全的吉祥意味。“巽”卦和“离”卦也可以组成一个卦象，是为《易经》的第五十卦火风鼎卦。《易传》说：“彖曰：鼎，象也。以木巽火，亨饪也。圣人亨以享上帝，而大亨以养圣贤。巽而耳目聪明，柔进而上行，得中而应乎刚，是以元亨。象曰：木上有火，鼎。”火下面加了木材，又有风吹助长火势。卦象寓意聪明智慧，仍旧是一个很好的卦。由此可见陆羽设计风炉的时候，其心思机巧细腻，令人赞叹。

风炉的三只脚间，各有一个窗口，炉子底下还有一个洞。窗口便于空气流通，炉子底下的洞用于通风和漏灰。三个窗口上也有字，一个写着“伊公”，一个写着“羹陆”，一个写着“氏茶”。合起来就是“伊公羹，陆氏茶”。“伊公”是指商代的名相伊尹，伊尹跟着厨子长大，厨艺颇精，为相后用煮羹汤比喻治国“五味调和，君臣佐使”。而“陆氏茶”就是陆羽自己烹的茶。陆羽和伊尹同为弃儿，此处可见其胸襟怀抱不俗。

风炉上有用来支撑茶釜的垛。垛也分三格，一格上有野鸡图形，一格上有彪的图形，最后一格画着鱼。野鸡是主火的禽鸟，画上代表同样主火的离卦。彪是传说中一种介于虎豹之间的兽，主风，代表巽卦。而鱼生活在水里，代表坎卦。火借风势，水能为火煮滚，这三卦用在此处，真正合宜。风炉处处分隔都以三为数，也是因为中国古代，人们认为“道生一，一生二，二生三，三生万物”，三是一个表示无穷无尽、圆融周转、化生万物的数字，用在圆形的风炉上，自然再合适不过。

风炉的炉身上，还有花卉、水流、藤蔓等各种花纹。脚底下还有一个铁盘，叫做“灰承”，用来承接漏下来的炉灰。风炉的材质不仅有铜铁，还可以用泥巴烧制，如今也有紫砂风炉出现在市场上。

自唐朝以后，宋代虽也有禅寺使用风炉，但是明清之际风炉已经不再流行。宋代时有个叫做南浦昭明的日本和尚来中国学佛，顺便把风炉也带去了日本，成为日式茶道里不可或缺的一部分。虽然当时从中国带去的风炉已然失传，看不到其真实样貌，但是如今茶道中的一些风炉，还保留着陆羽设计的样子，又分为“鬼面风炉”“朝鲜风炉”“琉球风炉”等诸种不同。只有在供茶规格比较高的场合，才被隆重地请出来使用。日式的风炉体量几乎与陆羽所制无差，只是少了刻字且花纹装饰大不一样而已。在他们仪式感十足的煮水过程中，依稀能看到唐宋时代茶人遥远的面影。

知识链接

茶道六君子

茶道六君子指现代瀹饮法所用的六样辅助工具，包括茶筒、茶匙、茶漏、茶则、茶夹、茶针。

茶筒：又叫“茶器筒”，是盛放茶艺用品的器皿。

茶匙：又叫“茶扒”，形状像汤匙，所以称茶匙，用来清理茶壶内泡过的茶叶。

茶漏：用来导茶入壶，置茶时放在壶口上，防止茶叶掉落壶外。

茶则：又叫“茶勺”，盛取茶叶的用具。

茶夹：又叫“茶铲”，功用与茶匙相同，可将茶渣从壶中挟出。

茶针：又叫“茶通”，用来疏通茶壶的内网和壶嘴，以保持水流通畅。

第五章，人事

一、鸿渐于陆

唐玄宗开元二十一年（733 年），龙盖寺的住持智积禅师在竟陵城的西门外，捡到了一个婴儿。竟陵位于湖北，河渠纵横，景色如画，处处路旁千顷稻，家家门外一渠莲。城西有湖，名为西湖，智积禅师的龙盖寺，就在西湖之滨。那日禅师正好在湖滨散步，忽然听见一阵大雁的叫声。循声过去，看到一群大雁正围着一个婴儿。按说婴儿都是玉雪可爱的，可是这一个，却丑陋得很，或许正是因为丑陋，才被父母遗弃。可对于修佛之人来讲，众生皆是平等，红粉骷髅，不过是一层皮相。这小婴儿既然被遗弃在此，也算是有佛缘，禅师便把他抱回寺中养育。

那婴儿逐渐长大，容貌丑陋依旧，学会说话以后，还添了口吃的毛病。智积禅师随手占了一卦，卦辞倒是吉祥："鸿渐于陆，其羽可用为仪。"于是这个貌丑口吃的小婴儿，自那以后就叫做陆羽，字鸿渐。智积禅师怎样也想不到，自己捡了一个婴儿，把他养大，因为好茶，便又随手教了些饮茶烹茶之道给他，这一教，就教出了千古第一茶人来。人们常说，上帝给你关上了一道门，但总会留一扇窗。陆羽貌不惊人，言谈还不甚流利，或许正因为如此，才能让他免去世俗诸般皮相的纷扰，潜心茶学，写出了千古茶史第一的《茶经》来吧。

十几年过去，昔年的小婴儿已经长成少年。智积禅师希望他剃度出家，正式成为寺里的僧人。但是少年心性自然耐不住晨钟暮鼓，况且还没有去看一看这大千世界，陆羽深觉不甘。十二岁的时候，他便离开了寺院，跑到一个戏班里学起戏来。虽然天生口吃，但是陆羽本人很有表演才能，演起丑角来得心应手，又正好可以掩盖自己的缺陷。今人知道陆羽，多半是因为《茶经》，其实陆羽本人多才多艺，不仅擅长茶道，还会写剧本，对于文学、地理、方志、建筑也多有涉猎。他在戏班子的时候，曾写过剧本，后来编过三卷笑话书，叫作《谑谈》。

陆羽虽然离开了龙盖寺，但是和智积禅师的感情依然深厚。智积禅师嗜茶，但是自陆羽离去以后，就不再喝茶，号称非陆羽煮的茶不饮。某日唐代宗召他入宫，每日命令茶道高手送上各地名茶，以求禅师赞美。可是智积禅师每每只浅尝一口就放下茶碗，并不发一言。皇帝心里不服，就密召陆羽入宫煮茶给他的老师喝。智积禅师这回刚喝了一口，就脱口惊呼："渐儿何时归来！"陆羽，字鸿渐，当时人又把他煮的茶叫做"渐儿茶"。这一声呼喊里，不知包含几多深情。禅师如天下父母一般思念子女，也如知交好友一般思念知音，只期盼陆羽云游归来，再给他煮一碗"渐儿茶"。

开元年过去，就是多事的天宝年。天宝五年（746年），在戏班子里演戏兼作曲写词的陆羽，遇到了生命中的贵人——竟陵太守李齐物。李齐物是皇族旁支，淮南王李神通的重孙，为人清正刚直，那一年刚好被李林甫陷害，由河南府长官贬做了竟陵太守。某次官员宴饮，正好请到了陆羽的戏班。李齐物欣赏陆羽的才华，不仅帮他离开戏班，还推荐他到竟陵城外的火门山随同宿儒周夫子读书。天宝十一年（752 年），陆羽又遇到了一个亦师亦友的重要人物——崔国辅。崔国辅原来任礼部员外郎，如今也被贬官到了竟陵。他和陆羽文辞唱和，探讨儒学，陆羽的学识在和崔国辅的交往中又上了一个台阶。

天宝十四年（755 年），安史之乱爆发，唐王朝陷入空前的乱局。平民在战乱中流离失所，而陆羽却遇到了空前的机缘，在成为“茶圣”的路上迈出了很大一步。彼时他二十四岁，为求安稳生活，随难民一起流落到产茶胜地湖州定居。陆羽在湖州搜集了大量关于茶的生产和制作的材料，又结交了皎然、皇甫冉、皇甫曾兄弟这样的诗人兼茶人，对于茶道法乎自然、崇尚幽静的美学有了进一步的思考。他开始想要写一部关于茶的著作，把自己半生饮茶的感悟和学到的茶学知识付诸纸端。

于是陆羽在湖州苕溪结庐而居，潜心写作，到二十八岁的时候，写出了《茶经》的初稿。广德元年，史思明覆灭，历时七年的安史之乱终告结束。陆羽又对《茶经》做了一次修订。这一次，他设计制作了煮茶的风炉，并且在炉脚上刻了字“圣唐灭胡明年造”，来表达终于可以迎来安定生活的欣喜之情。但是《茶经》的最终完成，是在大历九年（774 年），此时陆羽已经是四五十岁的中年人，距离《茶经》动笔，已经过去了十几年。

《茶经》的完成，使陆羽声名远播。但在他生前还远未达到顶峰。“茶圣”“茶仙”等称号，都是在陆羽死后才由后人追加的。无心仕途的陆羽到死都是布衣之身，活着的时候也曾受到一些人的轻贱。御史大夫李季卿召他，因他衣着寒素，面貌难看，又不会花哨的茶艺技巧，就倨傲以对，先是不行礼，之后叫人给了三十文钱，打发陆羽离开。陆羽一气之下，写出了《毁茶论》以发泄心中的愤慨之情。

《毁茶论》虽激愤慷慨，却只是陆羽的一时之气。他的毕生心血，都凝结在《茶经》上。茶经分三卷，共十章，七千余言，是一部关于茶叶的综合性论著。涉及了茶的历史、源流、现状、生产技艺、饮茶法、烹茶法以及茶道原理等诸多方面，是我国茶文化史上的一颗璀璨明珠。全文十章分别为：一之源、二之具、三之造、四之器、五之煮、六之饮、七之事、八之出、九之略、十之图。

一之源，乃是概述，讲茶的发源、产地、性能、功用等；二之具，讲制作加工茶叶的器具；三之造，讲茶叶的制作；四之器，讲煮茶、饮茶器皿的选择；五之煮，讲煮茶的过程和技艺；六之饮，讲饮茶的方法，如何品鉴；七之事，讲饮茶的历史和茶文化史；八之出，记载了当时的若干产茶胜地；九之略，讲如何挑选饮茶器具；十之图，则是把以上各项内容用图画的方式展现出来，更加生动直接。

《茶经》受到了历朝历代文人茶客的重视，宋朝时的陈师道为《茶经》作序时曾评论道："夫茶之著书，自羽始，其用于世，亦自羽始。羽诚有功于茶者也。"他为中国茶的发展，开创了一个新的时代。陆羽晚年隐居江西上饶，一生流离的他终于能够开一方山舍，在竹林之下，清泉之畔，用自己设计的风炉，安静地煮上一壶茶了。

知识链接

历代论茶名著名篇

［唐］陆羽：《茶经》

［宋］赵佶：《大观茶论》

［宋］蔡襄：《茶录》

［宋］黄儒：《品茶要录》

［明］朱权：《茶谱》

［明］许次纾：《茶疏》

［明］陈继儒：《茶话》

［清］陆廷灿：《续茶经》

［清］刘源长：《茶史》

［清］余怀：《茶史补》

二、且饮玉川泉

古往今来，茶人和诗人，似乎是分不开的。茶人往往是诗人，诗人往往也是茶人。沈长波写过这样一副对联：“陆羽六羡西江水，卢仝七碗玉川泉。”上联说的是“茶圣”陆羽，他十九岁的时候，写过一首《六羡歌》：“不羡黄金罍，不羡白玉杯；不羡朝入省，不羡暮登台；千羡万羡西江水，曾向竟陵城下来。”下联说的是“茶仙”卢仝，他那著名的《七碗茶诗》其实有个正式的名字，叫做《走笔谢孟谏议寄新茶》。其中最精华的部分，写了七碗茶：“一碗喉吻润，两碗破孤闷。三碗搜枯肠，唯有文字五千卷。四碗发轻汗，平生不平事，尽向毛孔散。五碗肌骨清，六碗通仙灵。七碗吃不得也，唯觉两腋习习清风生。蓬莱山，在何处？玉川子，乘此清风欲归去”。玉川子是卢仝的号，他隐居在嵩山少室山，当年汲水烹茶的那眼泉水，如今就叫做“玉川泉”。只凭这一首诗，卢仝也可以高中茶诗状元。千古茶诗第一，非它莫属。而卢仝的名字，千年以来，也自然地与茶、与诗联系在了一起。

卢仝是名门范阳卢氏之后，和“初唐四杰”之一的卢照邻同属一个家族。卢仝被后人尊为“茶仙”“亚圣”，其原因多半在于那首著名的诗。虽然全诗的精华“七碗茶”仙气袅袅，读之令人肺腑留香，但是全诗的基调却并非如此高渺出尘。最后三句，诗人痛心疾首地写道：“山上群仙司下土，地位清高隔风雨。安得知百万亿苍生命，堕在巅崖受辛苦！便为谏议问苍生，到头还得苏息否？”一字一句，都是为苍生请命，为世人担忧。胸怀阔大，包容天下。

但是在中唐时期，政治昏暗，宦官专权。卢仝尽管胸怀天下，却不喜朝廷黑暗，又厌恶官场的种种陋习，自少年时起就一心读书，淡泊名利，并未参加科考。他未满二十岁就去嵩山的少室山隐居，过起了读书烹茶的寒素生活。后来他出山搬到洛阳，在里仁坊居住。因为一心读书不事生产，全家人境况十分窘迫，时常靠附近寺院僧人和好友韩愈救济。韩愈在《寄卢仝》里写道：“玉川先生洛城里，破房数间而已矣。一奴长须不裹头，一婢赤脚老不齿。辛勤奉养十余人，上有慈亲下妻子。”穷到连头巾和鞋都买不起，却还是要读书。他在扬州有一座旧宅，藏书很多，在搬来洛阳之后，因为要置办住处，只得把扬州的旧宅出售。好在藏书得以保全，托人运来

（元）钱选
《卢仝煮茶图》
台北故宫博物院藏

洛阳。卢仝接到藏书之后喜不自胜，手舞足蹈。

便是如此贫困境地，朝廷闻其才名，两度征召他为谏议大夫，他却拒不应征。有人说是因为反感宦官专权，也有人说是因为卢仝有大报负，想施展治国平天下之才，非宰相不当。无论如何，到他死的时候，也是布衣之身。

而写《走笔谢孟谏议寄新茶》的时候，他已经离开洛阳，游历了塞外、江南，之后定居到了济源。孟谏议名为孟简，时任谏议大夫，也是卢仝的好友。这首诗前半部写孟谏议送新茶，欣喜不已，打开雅致的包装，白衣纱帽烹茶大有乐趣。中间一段写喝茶之乐，一碗润喉，两碗破孤闷，待到第七碗，就要乘风归去。而最后结尾笔锋一转，又讽刺高官居于庙堂之上，不管黎民疾苦。一颗爱茶、爱民之心跃然纸上。不过卢仝的其他诗文都属于韩孟一派，怪奇险峻，狷介中有豪雄之气，很不容易为世人理解。

这样一个爱茶人，却为生活所迫，四处流离，最后莫名惨死在宫廷政变之中。

当时唐文宗想要铲除专权的宦官仇士良等人，定下计策，要禁卫军将军韩约谎称禁卫军大厅后面的院子里一棵石榴树夜里降有甘露。礼部侍郎李训带领百官向文宗祝贺，并请文宗亲自到禁卫军后院去观看此祥瑞之兆。

于是，文宗要仇士良带宦官去查看。仇士良等人来到禁卫军大厅，正巧刮来一阵风，吹动了厅内的帷幕，仇士良发现幕布后站着不少手拿兵器的士兵，大吃一惊，慌忙逃走。

李训和仇士良两方一番厮杀，李训败走，仇士良挟持皇帝入了内宫，并且借此指挥宦官，对在京师的公卿与吏卒进行了血腥大屠杀，死者有几千人之多，整个长安城被搅得天翻地覆。这就是历史上著名的“甘露之变”。

卢仝就在这场变故中被牵连而丧命。当时他和几个朋友正在宰相王涯家里做客，因晚上留宿，遭到吏卒逮捕。卢仝说：“我是山野闲人，与你们无怨无仇，有什么罪呢？”前来抓人的吏卒说：“你既然是山野闲人，那待在宰相家里干什么？”遂被杀害。

斯人虽逝，但是一首“七碗茶”诗却能流传千古，“使人搁笔长叹息”，不仅在中国广为流传，而且传到日本，形成了日本茶道“喉吻润、破孤闷、搜枯肠、发轻汗、肌骨清、通仙灵、清风生”的谣谚。

知识链接

《走笔谢孟谏议寄新茶》

卢仝

日高丈五睡正浓，军将打门惊周公。
口云谏议送书信，白绢斜封三道印。
开缄宛见谏议面，手阅月团三百片。
闻道新年入山里，蛰虫惊动春风起。
天子须尝阳羡茶，百草不敢先开花。
仁风暗结珠琲瓃，先春抽出黄金芽。
摘鲜焙芳旋封裹，至精至好且不奢。
至尊之馀合王公，何事便到山人家。
柴门反关无俗客，纱帽笼头自煎吃。
碧云引风吹不断，白花浮光凝碗面。
一碗喉吻润，两碗破孤闷。
三碗搜枯肠，唯有文字五千卷。
四碗发轻汗，平生不平事，尽向毛孔散。
五碗肌骨清，六碗通仙灵。
七碗吃不得也，唯觉两腋习习清风生。
蓬莱山，在何处？玉川子，乘此清风欲归去。
山上群仙司下土，地位清高隔风雨。
安得知百万亿苍生命，堕在巅崖受辛苦！
便为谏议问苍生，到头还得苏息否？

三、山僧又是采茶时

卢仝的“一碗喉吻润，两碗破孤闷。三碗搜枯肠，唯有文字五千卷……”以其高渺仙气流传千古。殊不知在他之前，就有人做过这样的饮茶歌，不过赞颂的不是白日飞升，而是茶禅一味：“一饮涤昏寐，情思朗爽满天地。再饮清我神，忽如飞雨洒轻尘。三饮便得道，何须苦心破烦恼。”三杯饮下，便可自然了悟禅理，无需苦心破除烦恼魔障。这样的饮法，自然属于一个爱茶的和尚——皎然。

皎然俗家姓谢，字清昼，是谢灵运的十世孙，唐时著名的诗僧，时人称之为“江东名僧”。和乃祖谢灵运一样，他的诗也是偏于恬淡清新一派，诗作有《杼山集》《诗式》《诗评》等。他与陆羽交好，有很多诗作都和他有关，如《九日与陆处士羽饮茶》《寻陆渐不遇》。虽然陆羽第一个写出了《茶经》，但是第一个提出“茶道”这个词的却是皎然，他可以说是中国茶道之祖。他和陆羽的一场四十多年的相交相识，如同两枚石子，在空中对撞，落入深潭，激起了中国茶史的千层浪。

陆羽对于茶的研究，偏于实践，像一位科学家，孜孜不倦地搜集资料，实验、研究茶叶的种植、加工，水、器具、饮法等技术层面上的问题，又不断创新、改进烹茶的技艺，比较偏重技巧。而皎然的关注，则是精神层面的。他首次把“饮茶之道、饮茶修道、饮茶即道”完整地、系统地通过茶诗阐述出来，把佛家的顿悟、道家的羽化、儒家的礼法等有机结合起来，融入了中国式的“茶道”，奠定了中国茶的气场和精神。

禅宗自传入我国，到唐时已然形成完整的体系。佛门修禅是对尘俗的超越，而品茶则是从口腹之欲到精神满足的嬗变，这与禅宗的修习方法不谋而合，所以茶助修禅，禅通茶道。在唐代的寺院中，这样“茶禅一味”的思想就已经开始成形。皎然作为禅、茶两方面的高手，方能写出“一饮涤昏寐，情思朗爽满天地。再饮清我神，忽如飞雨洒轻尘。三饮便得道，何须苦心破烦恼”这样的神来之笔。

皎然不仅对茶道感悟颇多，而且是茶道的大力弘扬者。他不断组织茶会，宣扬饮茶之妙，又为陆羽对于茶的研究提供了多项资助。若没有他，也就没有陆羽的《茶经》。陆羽年轻时寄宿湖州杼山妙喜寺，结识了住持皎然大师，与他探讨茶理，共饮香茗。皎然对茶学的了解非常深湛，不仅为陆羽提供安定的居所，还为《茶经》的诞生提供了许多物质上的帮助。他见陆羽闭门著书，提出了许多不切实际的观点，便劝他深入茶园，研究茶叶的栽培、管理、采摘、煎制等制作工艺。妙喜寺在顾渚置有茶园，陆羽可以在其中潜心研究茶事。几年之后，皎然又为陆羽建了“苕溪草堂”，用以让他安心写作，其用心之深，可见一斑。

后来，陆羽也建了一座亭子回报皎然。他在山清水幽之处，亲自设计建造了一座亭子，以作朋友饮茶之用。这座亭子建立之日，恰逢癸年、癸月、癸日，所以就叫做“三癸亭”。此亭为陆羽设计，皎然赋诗，颜真卿题写匾额，号称“三绝”。皎然与陆羽、颜真卿三人，在秋高气爽之时登临亭上，赋诗曰：“秋意西山多，别岑萦左次。缮亭历三癸，趾趾邻什寺。元化隐灵踪，始君启高致。诛榛养翘楚，鞭草理芳穗。俯砌披水容，逼天扫峰翠。境新耳目换，物远风尘异。倚石忘世情，援云得真意。嘉林幸勿剪，禅侣欣可庇。卫法大臣过，佐游群英萃。龙池护清澈，虎节到深邃。徒想嵊顶期，于今没遗记。”其高渺清远有祖先谢灵运之遗风。

皎然不仅精擅茶道，对茶叶的生产也非常了解。妙喜寺在顾渚有茶园，所产茶叶除供寺中僧人茶礼之用外，还用来售卖以补贴寺院经济。作为妙喜寺的方丈，皎然在《顾渚行寄裴方舟》诗中，对茶叶生产的环境、管理、气候、采摘、品质、煎饮、销售、市场都做了全方位的描述。尤其对茶理、采摘、气候、时间、营销研究之深，在唐诗中无人能出其右。除诗作外，皎然还写过关于茶业的著述《茶决》，如今已经失传，不然可以和《茶经》相互比较，得出对唐代茶业更加准确的描述。

皎然与陆羽的友情，在时间的考验之下，更显珍贵。陆羽晚年在苏州定居多年，本来已经准备终老苏州，但是听闻皎然上人圆寂的消息，便毅然离开苏州重返湖州，死后就葬在苕溪之畔，永远与皎然上人为伴。千载之后，陆羽作为“茶圣”声名显赫，墓前供奉不断，而几步之隔的皎然上人墓，却已经是一座衰草连天的荒坟。或许，对于一生不为外物所扰，在山间与清风明月为伴了悟禅心的皎然来说，荒草中一孤坟，才更加是“山僧”心之所愿吧。

知识链接

《饮茶歌诮崔石使君》

皎然

越人遗我剡溪茗，采得金芽爨金鼎。
素瓷雪色飘沫香，何似诸仙琼蕊浆。
一饮涤昏寐，情思朗爽满天地。
再饮清我神，忽如飞雨洒轻尘。
三饮便得道，何须苦心破烦恼。
此物清高世莫知，世人饮酒多自欺。
愁看毕卓瓮间夜，笑向陶潜篱下时。
崔侯啜之意不已，狂歌一曲惊人耳。
孰知茶道全尔真，唯有丹丘得如此。

四、所好未衰唯饮茶

很小的时候，就会背《醉翁亭记》：“环滁皆山也。其西南诸峰，林壑尤美……”只觉得写得非常工整，朗朗上口。欧阳修给人的印象，是个官场失意终日流连山林的老人，怀中抱着酒坛，醉眼朦胧心里清明。后来才发现，他虽以《醉翁亭记》出名，但是“醉翁”欧阳修，更喜欢的其实是茶。对他来说，酒不过是内心痛苦的麻醉剂，唯有饮茶，才能获得真正的快乐。所以才作诗曰：“吾年向老世味薄，所好未衰惟饮茶。”世路崎岖，宦海浮沉，饮茶才是他毕生所好。

欧阳修对茶不仅是喜爱，而且很精通，是点茶、品茶的高手，并且对茶文化颇有研究，留下了许多相关的文章。他和诗人梅尧臣是好友，二人时常一起交流品茗之道。某次他尝了新茶，在写给梅尧臣（字圣俞）的诗里就提出了品茶需要“五美俱全”：“泉甘器洁天色好，坐中拣择客亦嘉。”（《尝新茶呈圣俞》）茶新、泉甘、器洁、天朗、客嘉，才是品茗的好时节。五者若缺其一，即使是好茶也失去了好味道。“建安三千五百里，京师三月尝新茶”，二月的新茶，三月在遥远的京城就可以尝到，可见当时对于新茶的要求有多么严苛。梅尧臣在回应欧阳修的诗中称赞他对茶品高妙的鉴赏力：“欧阳翰林最识别，品第高下无欹斜。”

创制小龙团的蔡襄，写过一本论茶的专著，叫做《茶录》，里面论及了各种茶汤的品质和烹饮方法，是继陆羽的《茶经》之后，最有影响力的茶学著作。这本《茶录》的后记，就是欧阳修所写。在这篇后记里，他表示了对小龙团的无上欣赏。“鞍茶为物之至精，而小团又其精者，录序所谓上品龙茶是也。盖自君谟始造而岁供焉。仁宗尤所珍惜，虽辅相之臣，未尝辄赐。惟南郊大礼致斋之夕，中书枢密院各四人共赐一饼，宫人翦为龙凤花草贴其上，两府八家分割以归，不敢碾试，相家藏以为宝，时有佳客，出而传玩尔。至嘉祐七年，亲享明堂，斋夕，始人赐一饼，余亦添预，至今藏之。那时小龙团茶鞍凡二十饼重一斤，其价值金二两，然金可有，而茶不可得也。所以贵重非常，以致鞍手持心爱不欲碾，有类弄印几成笓也。”龙凤团茶为宋代茶中上品，小龙团又是上品中的上品，出产甚少，只供皇家享用。宋仁宗对其也珍惜非常，甚至不舍得赏赐朝中高官。后来，好不容易给中书省和枢密院共八位大臣，赏赐了一饼。八人分割回家各自当做宝贝收藏起来。又过了几年，到嘉祐七年（1062 年），欧阳修才得到了一饼完整的贵逾黄金的小龙团。因为太喜欢，所以收藏了很久都舍不得喝，时常拿在手里把玩，饼面上都被抚摸出了凹陷。作为一个倡导“饮茶贵新”的人，拿到新茶竟然舍不得到此种程度，可见他对“小龙团”茶所爱之深。

另一种被欧阳修大力赞扬的茶，是双井茶。这是一种蒸青散茶，汤色碧绿，滋味醇厚，也是宋代有名的贡茶。欧阳修还为其作有《双井茶》一诗："西江水清江石老，石上生茶如凤爪。穷腊不寒春气早，双井芽生先百草。白毛囊以红碧纱，十斤茶养一两芽。长安富贵五侯家，一啜尤须三日夸。宝云日注非不精，争新弃旧世人情。岂知君子有常德，至宝不随时变易。君不见，建溪龙凤团，不改旧时香味色。”认为品质远在著名的日注茶之上，可以称为“草茶第一”，最后还不忘提上一句自己最中意的建溪龙凤团茶。古代诗人多喜欢托物言志，欧阳修在这首诗里除了赞颂双井茶，也暗喻君子之质如同好茶一样难得。争新弃旧虽是人之常情，可是真正的好茶如龙凤团茶，经得起考验，不改旧时色香味。

说到好茶，自然离不开好水。作为品茶高手，欧阳修对于水也有一番独到心得。他写过一篇《大明水记》，品评水质，又不拘泥古人，对《茶经》和《煎茶水记》里面的思想提出了质疑。他认为烹茶之水，只有美恶之分，把天下名水分等级排序实在没什么意义。《煎茶水记》里所言“江水在山水之上、井水在江水之上”的序列均与《茶经》相反。陆羽论水，嫌恶停滞之水，喜有源之水，因此井水取常汲的；江水虽然流动但有支流加入，众水杂聚故次于山水，其说较近于物理。而千里之外采来的南泠水，已经不是活水，在瓶中放置多日，成了死水，又哪里称得上是好水呢？

宋代茶的地位很高，从天子到平民都喜爱饮茶。茶文化由于宫廷饮茶风的盛行，得到了很大的发展。在朝廷的礼节中，甚至都加入了茶礼，饮茶已经成为一种精神的象征。欧阳修的爱茶，不仅爱其本身的色香味，还在饮茶、点茶中寄托自己的精神。他本人仕途坎坷，几经起落，对于人生无常的感悟和对君子之道的坚持，都能从点茶以及有关茶的诗文中得到体现。茶之于他，是一种象征，也是对世事最后的坚持。即使衰朽残年，也不忘烹上一杯新茶，与天下共忧乐。

知识链接

《尝新茶呈圣俞》

欧阳修

建安三千里，京师三月尝新茶。
人情好先务取胜，百物贵早相矜夸。
年穷腊尽春欲动，蛰雷未起驱龙蛇。
夜闻击鼓满山谷，千人助叫声喊呀。
万木寒痴睡不醒，惟有此树先萌芽。
乃知此为最灵物，宜其独得天地之英华。
终朝采摘不盈掬，通犀铸小圆复窊。
鄙哉谷雨枪与旗，多不足贵如刈麻。
建安太守急寄我，香蒻包裹封题斜。
泉甘器洁天色好，坐中拣择客亦嘉。
新香嫩色如始造，不似来远从天涯。
停匙侧盏试水路，拭目向空看乳花。
可怜俗夫把金锭，猛火炙背如虾蟇。
由来真物有真赏，坐逢诗老频咨嗟。
须臾共起索酒饮，何异奏雅终淫哇。

五、杏花、春雨、茶

陆羽是个弃儿，家谱世系都不可考，连姓名都是占卦得来的。原本不姓陆，并无人知晓。可是几百年之后，偏有另一个姓陆的人，爱茶成痴，忙不迭与他攀点亲缘："我是江南桑苎家，汲泉闲品故园茶。""桑苎翁"是陆羽的号，这句诗便是说去喝自己老家的茶。光沾亲还不够，还想要当陆羽转世："《水品》《茶经》常在手，前身疑是竟陵翁。"陆羽还有个号叫做竟陵子，这是直接想要和"茶圣"扯上点关系了。不仅如此，此人爱茶，不仅品了大量名茶，还留下大量茶诗，连友人都觉得他应当是陆羽的后人："今有云孙持使节，好因贡焙祀茶人。"直接把他称作陆羽的云孙。其实两人在家谱上一点关系都没有。这个爱茶的痴人，其实大家都熟，就是著名的爱国诗人陆游。

说到陆游，就想起"夜阑卧听风吹雨，铁马冰河入梦来"，想起"红酥手，黄滕酒，满城春色宫墙柳"。其实除了横戈跃马、壮志未酬，除了悲情伤怀、锦书难托，陆游还有平淡闲适、静静烹茶煮水的一面。《临安春雨初霁》是陆游九千多首诗里非常令人心折的一首："世味年来薄似纱，谁令骑马客京华？小楼一夜听春雨，深巷明朝卖杏花。矮纸斜行闲作草，晴窗细乳戏分茶。素衣莫起风尘叹，犹及清明可到家。"在这个世态炎凉的临安，若是能够在春雨之后买一枝杏花，小窗之前分茶写字作乐，也是难得的一份闲适。分茶这门古老的技艺已经近乎失传，它是用开水在茶面的泡沫（细乳）上浇注出各色图案，犹如今日的咖啡拉花一般。当时分茶是文人墨客喜欢的游乐，图案又称"水丹青"，自得中国画神髓，所表现出的各种精妙之处，如今已不可得，只能从诗文记述中遥想其全貌。

虽然写这首诗的时候陆游仍属于抱负难展、听命待诏的阶段，心里不免悲苦，但是有一盏茶香浮在春日里，倒还把悲苦化成了闲适，洗去了一身的不平之气。

陆游是个高产诗人，一生作诗九千多首，几乎为历代诗人之冠。而这九千多首诗里，专门写茶的就有三百多首，可见其对茶的热爱。《雪后煎茶》《夜汲井水煮茶》《九日试雾中僧所赠茶》，茶和诗互相辉映，构造出这位爱国诗人淡泊宁静的另一个侧面。

陆游不仅要和陆羽扯上关系，还每每惦记着想要续写《茶经》："遥遥桑苎家风在，重补《茶经》又一篇""汗

（北宋）赵佶《文会图》

台北故宫博物院藏

青未绝《茶经》笔，那暇投文吊战场”……很多诗句中都表现出他想要续写《茶经》的欲望。可是一直以来都未见陆游关于茶的专著出现。他对于《茶经》的增补，对于茶的感悟，都融在这三百多首茶诗里面，流传后世了。

这些茶诗主要分为几个方面，如饮茶之道、烹茶之道、茶的功效、品评名茶等。有的浅显，有的典雅，有的活泼，有的凝重。可以看出，诗人在写茶的时候不仅用了很多心思，也用了很多情。“解衣摩腹西窗下，茶磑无声看霏雪”“寒涧挹泉供试墨，堕巢篝火唤煎茶”“雪液清甘涨井泉，自携茶灶就烹煎”“蛮童未报煎茶熟，一卷南华枕上看”，这是写煎茶，雪后取水煎茶，别有一番情趣，等待水熟的时候，在枕上看一卷《庄子》，又是何等闲适自在。像“囊中日铸传天下，不是名泉不合尝”“汲泉煮日铸，舌本方味永”，这些是说日铸茶务必烹以名泉，方能香久味永。这是写饮茶之道，需好水配好茶，方能显出茶之真味。

“手碾新茶破睡昏，毫盏雪涛驱滞思”“诗情森欲动，茶鼎煎正熟”“香浮鼻观煎茶熟，喜动眉间炼句成”“遥想解酲须底物，隆兴第一壑源春”“焚香细读《斜川集》，候火亲烹顾渚春”。陆游诗中的茶，有各种各样的功效，

（明）文徵明《惠山茶会图》
北京故宫博物院藏

可以驱滞破睡，可以助长文思，可以解酒，还可以伴书，可以说是人生中不可或缺的良伴。

陆游一生辗转迁徙，曾经出仕福州，调任镇江，又入蜀、赴赣，在这流离中尝遍了各地名茶，每每作诗以志纪念：“聊将横浦红丝磑，自作蒙山紫笋茶”“建溪官茶天下绝，香味欲全须小雪”。不仅如此，陆游的茶诗中还提及许多史料中不曾记载的名茶，如婺源春、安乐茶、叶家白等，为后人提供了许多珍贵史料。

作为一个茶人，总有那么一种或者几种茶会赢得特别的偏爱。对于陆游而言，这种偏爱，非建茶莫属。陆游一生曾几次到过福建，做过福建宁德主簿、提举福建路常平茶事。多年的福建生活，使他对建茶（今福建建瓯）的了解无人能及，而他的三百多首茶诗里，多半都与建茶有关。“小醉初消日未晡，幽窗催破紫云腴。玉川七碗何须尔，铜碾声中睡已无”，“春残犹看少城花，雪里来尝北苑茶”。建茶主要产于建瓯北苑凤凰山一带，北苑贡茶也是宋代的主要贡茶，著名的龙凤团茶就是在这里制作的，北苑建茶乃是当时制作团茶的最高工艺。建茶不仅制作精美，而且味道浓郁，提神醒脑之功非常强大，陆游在诗中也多有表述。

建州除了龙凤团茶，还有另外一样冠绝天下的物事——斗茶。斗茶又称作“茗战”，本来平淡安闲的茶，加上了“战”“斗”这样的字眼，不知不觉就变得好斗起来。“北苑将期献天子，林下雄豪先斗美。”北苑的斗茶之风相当盛行，大概的方法是：斗茶者将精制的“茶瑞”研成细雨末，放入茶盏，摆在“兑茶台”上，沏以初沸的开水，让御茶使品评，以及参赛者轮流斗试。斗茶品以茶“新”为贵，斗茶用水以“活”为上。一斗汤色，二斗水痕。首先看茶汤色泽是否鲜白，纯白者为胜，青白、灰白、黄白为负。其次看汤花持续时间长短。水痕出现的早晚，是茶汤优劣的依据。斗茶以水痕晚出为胜，早出为负。淳熙六年，陆游提举福建路常平茶事时，北苑龙焙为征集龙凤团茶团的精制原料，在武夷山“竞台”开展一次斗茶竞赛，诗人也亲临现场，观赏斗茶之盛。作为一个爱茶人，能够在出产名茶的福建任职，还能主管茶事，未尝不是人生一大幸事。

“桑苎家风君莫笑，它年犹得作茶神。”这是陆游八十三岁时所作的茶诗，垂老之年，他对于茶的喜爱仍不减分毫。他的一生，总是壮志难酬，报国无门，写诗与烹茶，使得他能够在出世与入世、超脱与凡俗、坚持与忘情中来去自由，得以平衡。可以说，茶给了他一颗平静的内心，使他从容面对漫长而多舛的人生。

知识链接

《八十三吟》

陆游

石帆山下白头人，八十三回见早春。
自爱安闲忘寂寞，天将强健报清贫。
枯桐已露宁求识，敝帚当捐却自珍。
桑苎家风君勿笑，它年犹得作茶神。

六、举白眼而望青天

草莽出身的明太祖朱元璋，虽不能算是个懂茶之人，但在茶史上却因为两件事而留下了浓墨重彩的一笔。第一件，是下诏禁止进贡龙凤团茶，改进芽茶，从此散茶开始盛行，烹饮方式与饮茶器具也随之变化。第二件，则是生了个十分懂茶的好儿子——《茶谱》的作者，宁王朱权。

朱权是朱元璋的第十七个儿子，史书上称他是“贤王奇士”，慧心敏悟，多才多艺，精于黄老之道。朱权十四岁被封为宁王，就藩于大宁（今内蒙古喀喇沁旗）。在朱元璋的诸位皇子中，这个宁王原本是以“善谋”著称的，若不是靖难之役和永乐皇帝的疑忌，他也不会韬光养晦，变成喜好道术、诸艺皆通、才思风流如李煜、赵佶一般的人物。洪武三十一年（1398 年），朱元璋驾崩，皇孙朱允炆即位，为建文帝。第二年，燕王朱棣进军南京，打着“清君侧”的旗号，发动了靖难之役。燕王的封地在北京，他起兵的时候，一并挟持了距离自己封地不远的兄弟朱权和他一起进军，又允诺事成之后和他分天下而治。兵变成功，朱棣登基不但成了皇帝，还把都城迁到北京。而他的兄弟朱权，非但没有权倾天下，反而被削夺兵权，迁到了江西，时年二十五岁。开始的时候，宁王朱权尚且心有不甘，待到后来闹了一出“巫蛊诽谤之事”，虽则最后查明是受人诬陷，但是朱权本人也认识到自己已经彻底在政治游戏里失利，为了保住性命，还是韬光养晦、寄情山水的好。于是他开始寄情于戏曲、茶艺、历史、音乐等各类风雅事，同时又信仰道教，自号南极遐龄老人、臞仙、大明奇士等。

上天是公平的，朱权没能在政治上有所建树，反而无心插柳，成了著名的戏剧理论家、剧作家、音乐家，还有茶人。他所著的《太和正音谱》，是我国现存最早的杂剧曲谱；所制“中和”琴，号称“飞瀑连珠”，被称为“明代第一琴”。他还写过许多杂剧，现存的有《冲漠子独步大罗天》《卓文君私奔相如》两种。作为一个茶人，他也将饮茶经验和体会写成了两千余字的《茶谱》，首次提出不将茶叶压成茶饼，也不加香料，以保存茶的真香的饮清茶法，自成一家，从而开创了明代饮散茶的新时代。至于朱权子孙因不满祖上和永乐帝，若干年后在江西起兵反叛，又被王阳明率军剿灭，宁王之藩也被撤除，那又是后话了。我们且先来看《茶谱》中所写师

（明）仇英《松溪论画图》
吉林省博物馆藏

法自然的饮茶之道。

《茶谱》的开篇就说：“挺然而秀，郁然而茂，森然而列者，北国之茶也。泠然而清，锵然而声，涓然而流者，南涧之水也。”无论是北国之茶还是南涧之水，朱权眼里的这个茶园，是清新而隽雅的。他对于饮茶的程序，自有一套想法。在他眼里，完美的饮茶应该是这样的程序：鸾俦鹤侣，骚人羽客，欢聚一堂，松竹之下，傍泉倚石，皓月清风，清谈款话。近旁一童子设案焚香，香烟袅袅，闲适宜人，又一童子捧出茶具，以瓢汲清泉注于瓶而炊之，然后碾茶为末，磨细罗之，候汤将如蟹眼，量客众寡，投数匕入于巨瓯。候茶出相宜，以茶筅摔令沫不浮，乃成云头雨脚，分于啜瓯，置之竹架。童子捧献于前，主起，举瓯奉客曰：“为君以泻清臆。”客起接，举瓯曰：“非此不足以破孤闷。”乃复坐，饮毕，童子接瓯而退。话久情长，礼陈再三，遂出琴棋。此时，山之清幽，泉之清泠，茶之清淡，人之清谈，融为一体，妙不可言。

一场茶宴里，文人墨客欢聚在松竹之下，对着皓月清风，先让一名童子焚香，又令一童子捧出茶具，以瓢舀出清泉，注于瓶中。之后碾茶，煮水，待到汤如蟹眼的时候，把茶注入大茶瓯中，而等到茶泡到最适合喝的时候，才分别注入小茶瓯，送与宾客。最有趣的是他设计的主客对答——主人要对客人说：为君以泻清臆（此茶供您一抒胸臆）。而客人要对主人说：非此不足以破孤闷（若非如此，不能破除心中孤闷，引卢仝之诗）。然后主客各自坐下。这一番对答，可见作者心中仍是有孤闷不平之意，只是形式如此，不得不以饮茶作乐来掩饰。

虽则饮茶是退而求其次的选择，但是朱权对于中国茶的影响却仍然深远。《茶谱》中提倡的简洁自然之精神，对于茶道，至今仍非常适用。先是茶品，他看不上龙凤团茶的金银藻饰，认为茶味应该以“清甘”为美，若是太过追求茶本身的造型，其中又杂以诸多香料，反而失去了茶本身的自然之味。为了保持茶性，贮存之时也要“不夺茶味”。虽然朱权提倡要品茶本身之味，却不反对用花来和茶搭配。他用过梅花、茉莉花、桂花来和茶叶共饮，以增加香气。大概因为香花是自然之物，也不违背他“师法自然”的宗旨吧！

对于烹茶的器具，他也认为是以简洁自然为上。刨去各种金雕玉琢的富丽气象，在朱权眼里，以青礞石为茶碾，斑竹为茶架，椰壳为茶匙，瓷石为茶瓶才是最美的搭配。他大大简化了陆羽的二十四器，自创了煮水的“茶灶”，用竹包扎，寓意逆境而守节，据说此灶煮出的水分外清香宜人。可以说，我们如今流行的沸水冲泡茶叶的瀹饮法，就是从朱权处发端的。

他曾经统管重兵，雄踞一方，终于在现实的压迫下华丽转身，成了山中高士，“举白眼而望青天，汲清泉而烹活火”。烹茶于他，不仅是品味享受，更是修养之道。效法魏晋名士清谈于竹林之下，弹琴烹茶复长啸，也许能够一破心中孤闷。而他的后人八大山人朱耷，则经历了亡国灭族之痛，已经无法继续这种清逸的审美了，笔下山水秃鹰，都充满萧疏之气，令天地为之一寒。

七、一盏兰雪旧梦残

提起张岱，就想起兰雪茶。我国古代，知茶识茶的茶人雅士，多如星斗，可是真正自己动手做茶的人却寥寥无几。张岱生于绍兴，会稽山的日铸岭向来出名茶，“日铸雪芽”在宋代就已经成为贡品，“越州日铸茶，江南第一”。到了明代，日铸茶的地位逐渐开始动摇，安徽有一种“松萝茶”后来居上，更得人们的喜爱。张岱不甘心让日铸茶就此衰落，特地从安徽请来制松萝茶的匠人，按照制松萝茶的方法，做出了一种改良的日铸茶。“遂募歙人入日铸。扚法、掐法、挪法、撒法、扇法、炒法、焙法、藏法，一如松萝。”而这种茶，张岱给它起了一个美丽梦幻的名字——兰雪茶。

兰雪茶一出，大受好评。不仅日铸人改喝兰雪茶，连松萝茶的产地休宁，人们也开始喝起了兰雪茶。这种茶不仅制法考究，名字美妙，就连喝的方法，都分外风雅。“此茶焙成后，又以禊泉水，杂入茉莉……以旋滚汤冲泻之，色如竹箨方解，绿粉初匀；又如山窗初曙，透纸黎光。取清妃白，倾向素瓷，真如百茎素兰与雪涛并泻也……”这种茶喝的时候，既要用名泉禊泉的水来冲泡，又要加入茉莉花，以滚水冲泡，颜色绿粉均匀，如山中窗前那一线曙光。茶器要用素瓷，茶汤倾泻而下，如同百枝兰花与滔天白浪同出，便是兰雪茶了。张岱不仅会制茶，还写得一手高妙文章，《兰雪茶》一篇，读之口齿留香，想着几百年前那一盏如兰似雪的香茶，陷入迷思。

上品的兰雪茶，要搭禊泉水，方能展现其真味。张岱不仅重新发现了多年无人寻得的禊泉，还以他那绝佳的品鉴力，提供了鉴定方法“过颊而空”。以舌尖抵住上腭喝一口水，如果水质柔软到好像没有水可以下咽，就是禊泉了。可是这个鉴赏方法太过玄妙，不知有几人能够照章施行。

张岱在《露兄》一文中还写有《斗茶檄》。他非常喜欢绍兴的一家茶店，于是就给它取了个“露兄”的店名，取自米芾“茶甘露有兄”一语。这家店用水特别讲究：“泉实玉带，茶实兰雪。汤以旋煮，无老汤。器以进涤，无秽器。其火候汤候，亦时有天合之者。”又为它作了一篇《斗茶檄》，其中有“水淫茶癖，爰有古风；瑞草雪芽，素称越绝”“水符递自玉泉，茗战争来兰雪”，“一日何可少此”“七碗茶吃不得了，卢仝茶不算知味”等句子，毫不吝惜笔墨，大段大段赞颂“露兄”之妙。如今若是有人开茶楼，取上这样一个名字，倒是风雅别致得很了。

但是这盏美妙的兰雪茶，并没有多长时间可以喝了。张岱其人，前半生悠游浮浪，后半生悲苦流离，是一部真性情的传奇。张岱写自己，一向不客气，他不仅在墓志铭里写“纨绔子弟，极爱繁华”“兼以茶淫桔虐，书蠹诗魔”，还时时喊着“人无癖不可与交”，真是令人喜欢得不得了。张岱，字宗子，号陶庵，生于绍兴一个书香仕宦之家，祖父辈都身居高官要职。他青年时代虽然科场不利，但是家境富裕，对于繁华游乐一应物事都十分在行，琴棋书画、园艺戏曲、美食佳茗、古董珍玩无一不精。但是四十岁那年遭逢大变，清军攻入绍兴，家国沦丧，他不得不避入深山，继续写完自己的明代历史著作《石匮书》。一下从鲜衣怒马变成了碎琴残书，他的后半生，都是在抵抗清廷和缅怀旧梦中度过的。

《陶庵梦忆》《西湖梦寻》，在故园的风雨里，那些旧时风月如同一场遥远而美妙的旧梦，时时回忆起来。想着西湖七月半，小船轻晃，净几暖炉，茶铛旋煮，素瓷静递，好友家人，邀月同坐，在满船茶香、荷香里的那一个梦，永不醒来该有多好。

可是梦总归是要醒的。他积累多年饮茶的经验，写成的《茶史》一书，手稿交与闵老子细细论定，将付出版。岂知清军入关，山河残破，几经乱离之下，这部《茶史》的手稿也散失难寻，只留下序文编辑在《琅嬛文集》中，不得不令人扼腕叹息。

知识链接

《兰雪茶》

张岱

日铸者，越王铸剑地也。茶味棱棱，有金石之气。欧阳永叔曰："两浙之茶，日铸第一。"王龟龄曰："龙山瑞草，日铸雪芽。"日铸名起此。京师茶客，有茶则至，意不在雪芽也。

而雪芽利之，一如京茶式，不敢独异。三峨叔知松萝焙法，取瑞草试之，香扑冽。余曰："瑞草固佳，汉武帝食露盘，无补多欲；日铸茶薮，'牛虽瘠偾于豚上'也。"遂募歙人入日铸。

扚法、掐法、挪法、撒法、扇法、炒法、焙法、藏法，一如松萝。他泉瀹之，香气不出，煮禊泉，投以小罐，则香太浓郁。杂入茉莉，再三较量，用敞口瓷瓯淡放之，候其冷；以旋滚汤冲泻之，色如竹箨方解，绿粉初匀；又如山窗初曙，透纸黎光。取清妃白，倾向素瓷，真如百茎素兰同雪涛并泻也。

雪芽得其色矣，未得其气，余戏呼之“兰雪”。四五年后，“兰雪茶”一哄如市焉。越之好事者不食松萝，止食兰雪。兰雪则食，以松萝而纂兰雪者亦食，盖松萝贬声价俯。

就兰雪，从俗也。乃近日徽歙间松萝亦名兰雪，向以松萝名者，封面系换，则又奇矣。

八、七碗生风，一杯忘世

到了清代，六大茶种中的最后一种——乌龙茶终于出现在福建。彼时这种温润如玉的茶初创时，声名不显，直到袁枚在《随园食单》上狠狠地给它做了一回广告。他在“茶酒单”上记载道：“余向不喜武夷茶，嫌其浓苦如饮药。然丙午秋，余游武夷到曼亭峰、天游寺诸处，僧道争以茶献。杯小如胡桃，壶小如香橼，每斟无一两。上口不忍遽咽，先嗅其香，再试其味，徐徐咀嚼而体贴之。果然清芬扑鼻，舌有余甘。一杯之后，再试一二杯，令人释躁平矜，怡情悦性。始觉龙井虽清而味薄矣，阳羡虽佳而韵逊矣。颇有玉与水晶，品格不同之故。故武夷享天下盛名，真乃不忝，且可以瀹至三次，而其味犹未尽。”

其实袁枚本不喜武夷茶，直到七十岁时游历武夷山，喝到僧道献的茶，经过细细品鉴，从浓苦之中喝出了甘甜，顿觉清芬满口。之后再喝，更加觉得是能够怡情养性的好茶。他还对乌龙茶与绿茶的高下，做了一番极精彩的点评，说乌龙茶似玉，温润平和，绿茶似水晶，清透纯净。这番道理，被后来茶人推崇，时时拿来引述，本来不同茶种并无绝对的高下之分，能说出各种茶的妙处，才是真行家。

若说到吃喝玩乐，吟风弄茶的专家，无论如何都要算上袁枚。都说袁枚是清代诗人、诗论家，窃以为还要加上“生活家”的封号才贴切。他的《随园诗话》说写诗，《随园食单》讲吃食，天下精致，尽收一书，比之现在的各种生活品质书籍，段数不知高到哪里去了。他是钱塘人，字子才，号简斋，晚年自号仓山居士、随园主人、随园老人。少有才名，擅诗文，与赵翼、蒋士铨合称为“乾隆三大家”，是乾嘉时代的著名文人。他提倡“性情之外无诗”，是张岱之后的又一位真性情之人。一篇《祭妹文》，真诚哀切几乎令人不忍卒读。

作为一个茶人兼诗人，袁枚也如陆游一样，留下很多茶诗，如写福建人茶园的《试茶》诗：“闽人种茶如种田，郄车而载盈万千；我来竟入茶世界，意颇狎视心逌然……”还有写万绿丛中红布裙的采茶姑娘：“烟霞石屋两平章，渡水穿花趁夕阳；万片绿云春一点，布裙红出采茶娘。”又《渔梁道上作》里写道：“远山耸翠近山低，流水前溪接后溪；每到此间闲立久，采茶人散夕阳西。”这一幅高山溪流的青翠景色，引人驻足良久，直到采茶人散去，夕阳西下，又形成一番意境。

对于袁枚来说，喝茶的最高境界，莫过于“七碗生风，一杯忘世”。只要有一杯好茶，就可远离世间的种种苦痛。为了泡出好茶，袁枚对于用水和茶叶的收藏都颇下了一番功夫。要泡出一壶好茶，除要有好的泉水之外，对于火候的控制也是一门极重要的学问。“欲治好茶，先藏好水。水求中泠、惠泉。人家中何能置驿而办？然天泉水、雪水力能藏之，水新则味辣，陈则味甘。尝尽天下之茶，以武夷山顶所生、冲开白色者为第一。然入贡尚不能多，况民间乎？”说到水，自然是中泠泉、惠山泉冠绝天下，但是平民百姓也不能用驿马运水，反而是无根水如雨水、雪水等，收集储藏起来比较容易。这种无根水新收之时味道尚辣，要多放一段时间才能变得甘甜。而好茶，他尝遍天下名茶，还是武夷山顶的茶为第一，但是此茶产量极少，贡品都没有多少，民间就更难得见了。言语间颇有点自得之感。

除了这天下第一的武夷茶，民间想喝喝不到，自然还是有别的好茶：“其次，莫如龙井。清明前者，号‘莲心’，太觉味淡，以多用为妙；雨前最好，一旗一枪，绿如碧玉。收法须用小纸包，每包四两，放石灰坛中，过十日则换古灰，上用纸盖扎住，否则气出而色味又变矣。烹时用武火，用穿心罐，一滚便泡，滚久则水味变矣。停滚再泡，则叶浮矣。一泡便饮，用盖掩之则味又变矣。此中消息，间不容发也，山西裴中丞尝谓人曰：‘余昨日过随园，才吃一杯好茶’。呜呼！”

他推荐的下一种是龙井，这就常见得多了。袁枚觉得明前龙井味淡，泡的时候要多用点茶叶。雨前绿如碧玉，收藏时要用小纸包好，每包四两，放入装满石灰的坛子中，上面用纸盖扎住，每隔十天，就要换一次石灰。烹茶的时候用武火，水刚滚就泡茶，泡好要马上饮用，否则茶就会变味。这套程序需要一气呵成，刻不容缓，可见要求之严格。袁枚在泡茶上用了如许心思，怪不得朋友裴中丞喝了袁枚的茶，感叹道：“我昨天到随园，才吃到一杯好茶！”

其实袁枚最出名的作品，不是《小仓山房诗文集》《子不语》，而是《随园食单》。作为一个茶人兼吃货，以茶入食，也是少不了的。他提到过一种“面茶”，即是将面用粗茶汁熬煮后，再加上芝麻酱、牛乳或者奶酥、盐等佐料，熬成一碗，美味香浓；还有一种更美好的食物，叫作“茶腿”，是经过茶叶熏过的火腿，肉色火红，肉质鲜美，火腿特有的发酵气味配上茶香，以茶的清气解火腿的油腻，简直是天作之合。如今若有人能够生产出来，想必也会颇受好评，说不定有人吃过会感叹："袁子才所作茶腿，七片生风，一片忘世，火腿中之上品也。"

知识链接

《随园食单·茶酒单》写茶部分

袁枚

七碗生风，一杯忘世，非饮用六清不可。作《茶酒单》。

茶

欲治好茶，先藏好水。水求中泠、惠泉。人家中何能置驿而办？然天泉水、雪水，力能藏之。水新则味辣，陈则味甘。尝尽天下之茶，以武夷山顶所生、冲开白色者为第一。然入贡尚不能多，况民间乎？其次，莫如龙井。清明前者，号"莲心"，太觉味淡，以多用为妙；雨前最好，一旗一枪，绿如碧玉。收法须用小纸包，每包四两，放石灰坛中，过十日则换石灰，上用纸盖扎住，否则气出而色味又变矣。烹时用武火，用穿心罐，一滚便泡，滚久则水味变矣。停滚再泡，则叶浮矣。一泡便饮，用盖掩之则味又变矣。此中消息，间不容发也。山西裴中丞尝谓人曰："余昨日过随园，才吃一杯好茶。"呜呼！公山西人也，能为此言。而我见士大夫生长杭州，一入宦场便吃熬茶，其苦如药，其色如血。此不过肠肥脑满之人吃槟榔法也。俗矣！除吾乡龙井外，余以为可饮者，胪列于后。

武夷茶

余向不喜武夷茶，嫌其浓苦如饮药。然丙午秋，余游武夷到曼亭峰、天游寺诸处。僧道争以茶献。杯小如胡桃，壶小如香橼，每斟无一两。上口不忍遽咽，先嗅其香，再试其味，徐徐咀嚼而体贴之。果然清芬扑鼻，舌有余甘，一杯之后，再试一二杯，令人释躁平矜，怡情悦性。始觉龙井虽清而味薄矣，阳羡虽佳而韵逊矣。颇有玉与水晶，品格不同之故。故武夷享天下盛名，真乃不忝。且可以瀹至三次，而其味犹未尽。

龙井茶

杭州山茶，处处皆清，不过以龙井为最耳。每还乡上家，见管坟人家送一杯茶，水清茶绿，富贵人所不能吃者也。

常州阳羡茶

阳羡茶，深碧色，形如雀舌，又如巨米。味较龙井略浓。

洞庭君山茶

洞庭君山出茶，色味与龙井相同。叶微宽而绿过之。采掇最少。方毓川抚军曾惠两瓶，果然佳绝。后有送者，俱非真君山物矣。

此外如六安、银针、毛尖、梅片、安化，概行黜落。

茶趣

翟玉成供图

九、从来佳茗似佳人

苏轼把茶比成美人，之后的文人墨客，仿佛开了窍，写诗作文，也一并跟着把茶和美人联系在一起。有的比喻美好精妙，如“兰芽玉蕊，勾引出清风一缕。颦翠娥斜捧金瓯，暗送春山意”。也有不尊重的，说饮茶如事美人，明明是风雅安闲的烹茶过程，活生生说得如调戏美人一般。当然，更高级的，直接请真的美人坐于茶案边，当是一道高贵陪衬。而真正懂得饮茶的美人，却比男人少多了，多半是由于当时男女不平等的缘故。男人虽喜欢让大姑娘用嘴去摘娇嫩茶芽，却不高兴自家娇妻美妾懂得品茶。

不过好在总是有佳人，能够有机缘欣赏佳茗。最著名的一段公案，莫过于李清照和赵明诚。赌书消得泼茶香，不愧是千古风雅事。李清照可以算是中国最出名的女词人了，奈何文章憎命达，后半辈子国破家亡、颠沛流离，对比前半生岁月静好，真是令人唏嘘。李清照是山东章丘人，生在书香门第。父亲李格非是苏轼的学生，官至礼部员外郎，母亲王氏是状元王拱辰的孙女，两人的文学修养都很高，培养出的女儿自然蕙质兰心。她在汴京度过的少女时代，生活优裕，万事不愁，著名的“知否知否，应是绿肥红瘦”就是那时的作品。待到十八岁，李清照嫁给了二十一岁的赵明诚，成为中国文学史上难得的一对佳偶。虽然数年之后，赵明诚之父赵挺之被朝廷排挤病逝，李清照随夫迁居青州祖宅，不复少年时衣食无忧，但是乡居生活对于她，才真正是一段静好岁月。老年时回忆起，她说“甘心老是乡也”。

赵明诚喜金石，曾作《金石录》。惜乎此书尚未写完，乱离乍起，溘然长逝，后面的编纂修订都是由李清照完成的。李清照四十五岁那年，赵明诚病逝，李清照带着二人收集的金石书画在江浙一带追随皇帝颠沛流离，图书文物损失殆尽，又所嫁非人，不得不与之离异。经过多年的离乱，终于在绍兴四年写成《金石录后序》，她在里面怀念自己茶香四溢的青春时光：“余性偶强记，每饭罢，坐归来堂烹茶，指堆积书史，言某事在某书某卷第几页第几行，以中否角胜负，为饮茶先后。中即举杯大笑，至茶倾覆怀中，反不得饮而起。”少年夫妻，隐居乡里，赌书泼茶，堪称茶史上最甜蜜的一段描写。而他们以书打赌的方式，也就成了“茶令”的初始形式。“茶令”与“酒令”不同，是赢者喝茶，并非惩罚而是奖赏，可见茶的受欢迎程度。

离开了赵明诚，离开了青州，是李清照人生中重要的转折点。从此以后，浅吟轻笑变成了冷冷清清凄凄惨惨戚戚。在她的词中，茶也从赌书的彩头变成了相对伤怀的物事。“寒日萧萧上锁窗。梧桐应恨夜来霜。酒阑更喜团茶苦，梦断偏宜瑞脑香。秋已尽，日犹长。仲宣怀远更凄凉。不如随分樽前醉，莫负东篱菊蕊黄。”（《鹧鸪天》）“病起萧萧两鬓华，卧看残月上窗纱。豆蔻连梢煎熟水，莫分茶。枕上诗书闲处好，门前风景雨来佳。终日向人多酝藉，木犀花。”（《摊破浣溪沙》）苦涩的团茶，微醉的心情，东篱下菊蕊正黄，这半世苦痛，如一场萧索旧梦。茶已经没法让人清醒，不如随着酒醉，暂且忘却这些烦恼吧。一病之下，两鬓已经生了华发，连分茶都不能了，只好喝豆蔻熟水调养着。茶既可以风雅清和，也可以变得凄凉伤感，全看品茶人的心情。

在中国古代，婚姻多数包办，盲婚哑嫁闹出的惨剧不知凡几。若是能像李清照、赵明诚一样琴瑟相和，不知是几辈子的福分。赵明诚是有福之人，虽逝去多年，仍有爱妻为他编修遗稿，怀念当日赌书泼茶的好时光。另一位有福之人，是沈三白，林语堂说，他娶了中国历史上最可爱的女人——那个会制荷花茶的陈芸娘。

沈三白名复，清朝人。三白是他的字，还有个号，叫作梅逸。喜诗文，擅书画。他的一生并不怎么风光，没有高官，没有厚禄，主业是给人家做师爷，还经常被辞退，偶尔经商，全部赔本。但是这样一个人，因为两件事而蜚声天下。第一件，是写了一本书，叫作《浮生六记》；第二件，是娶了一个好老婆。算起来《浮生六记》的成功，还是要归功于他在里面描写的妻子陈芸娘，那样可亲可爱、活泼聪颖又温柔的女子，真是世间罕有。

《浮生六记》其实只有四记：闺房记乐，闲情记趣，坎坷记愁，浪游记快。剩下的“中山记历”和“养生记道”原文已经散失不见。从“闺房记乐”开始，陈芸娘就出场了。她是沈复的表姐，小时候就与他相善，长大了又结为夫妇，可谓青梅竹马。陈芸娘并不是绝色美女，只称得上清秀而已：“其形削肩长项，瘦不露骨，眉弯目秀，顾盼神飞，唯两齿微露，似非佳相。一种缠绵之态，令人之意也消。”可是她的聪慧机巧，又是其他女子万万比不上的。她并未饱读诗书，可是悟性极高，和丈夫谈起诗文来颇有见地。她又是个高妙的生活家，会制作活花屏、精巧的梅花盒，还有荷花茶。

“夏月荷花初开时，晚含而晓放。芸用小纱囊撮茶叶少许，置花心，明早取出，烹天泉水泡之，香韵尤绝。”

把茶叶先放在荷花花心中，以花香与茶香混合，再取雨水泡茶，该是何等的赏心乐事。芸娘对于茶的别样用心，除可以增加情趣，其实也是为了生活所迫。芸娘喜热闹，随沈复女扮男装去逛庙会，结果惹来了误会，被家里知道。公婆不高兴，竟把她夫妇二人赶出家门。偏偏沈三白一身文人气，谋生的手段却差得很，长年累月没有饭碗，只在家里摆个书画摊，笔资还抵不上一顿酒钱。都说贫贱夫妻百事哀，可是芸娘的可爱之处，就在于还能够苦中作乐。卖了自己的首饰换酒，也不辜负良辰美景。境况窘迫如此，自然买不起什么好茶，所以芸娘才会别出心裁，弄出荷花茶来二人共饮。这样的情趣，如何不令人心服。

正因为是如此可爱女子，临终一别，才更令人伤怀。她拉着沈三白的手说："知己如君，得婿如此，妾已此生无憾！若布衣暖，菜饭饱，一室雍雍，优游泉石，如沧浪亭、萧爽楼之处境，真成烟火神仙矣。""芸乃执余手而更欲有言，仅断续叠言'来世'二字。忽发喘，口噤，两目瞪视，千呼万唤已不能言。"读者看到此节尚且肝肠寸断，何况沈复乎。芸娘逝后他郁郁寡欢，孤寂冷清地入川为幕僚，此后再无消息。

市面上卖《浮生六记》，因为单行嫌太薄，总是喜欢和《影梅庵忆语》印在一本书里卖，估计多半是因为都是才子怀念亡妻的作品。可是沈三白与陈芸娘是神仙眷侣，《影梅庵忆语》里的主角冒辟疆和董小宛，却过得不那么开心。大概因为董小宛是痴情女子，而冒辟疆是个自私的懦夫。

董小宛是“秦淮八艳”之一，“眼如横波，气如湘兰，体如白玉，人如月华”，恰如一杯清丽绝俗的茶。可惜这样一位美人，却遇上了冒辟疆。她为冒辟疆一病三年，散尽资财，辗转流离江浙，历尽周折才嫁入冒家为妾。嫁人之后洗尽铅华，殚精竭虑地想当一位好妻子，处处为冒辟疆着想。

她厨艺出众，做花露、制酥糖、泡香茶无不精通。还抛下诗词曲赋，去学女红，一日可以织出六幅巾裾，件件精美。对冒家上下都恭顺有礼，冒辟疆的父母妻子都很喜欢她。就是这样一位痴情美人，且看冒辟疆怎么对她。《影梅庵忆语》号称是冒氏怀念董小宛所作，但是开篇就是大段篇幅描写他年轻时怎样迷恋陈圆圆，陈圆圆又是怎样对他有情有意，直到陈氏被抢入宫，他无限惋惜之下，退而求其次，几番推脱才娶了董小宛。连赎身的钱，都是钱谦益友情赞助的。待到嫁进冒家，明末离乱，冒辟疆带着父母妻儿逃跑，居然要董小宛守在宅子里看门，还是他爹娘看不过去，非要带着董小宛一起走。他在逃跑途中生病，董小宛衣不解带地照顾，他反而因为心情不好多加呵斥。最终他的病好了，董小宛因为照顾他过于劳累一病不起，没多久就香消玉殒，不过二十七岁。

冒辟疆不过一自恋的懦夫，他对董小宛自然谈不上多么好，时时都可以把她牺牲放弃，但是偶尔也有温情时刻。

冒辟疆与董小宛都嗜茶。董小宛喜欢以茶泡饭，“姬性澹泊，于肥甘一无嗜好。每饭以茶一小壶温淘，佐以水菜香豉数茎粒，便足一餐”。茶不过一小壶，几粒米，几茎菜，就是一餐。吃得这么少，饭做得那么好，无怪乎冒氏觉得这个小妾讨得值。不过以茶泡饭的吃法，在如今的中国已不多见，反而是在日本非常流行。嗜茶的表现当然不只是茶泡饭，董小宛也爱泡茶：姬能饮。自入吾门，见余量不胜蕉叶，遂罢饮。每晚侍荆人数杯而已，而嗜茶与余同性，又同嗜岕片。每岁半塘顾子，兼择最精者缄寄，具有片甲蝉翼之异。文火细烟，小鼎长泉，必手自吹涤。余每诵左思《娇女诗》“吹嘘对鼎鬲”之句，姬为解颐。至“沸乳看蟹目鱼鳞，传瓷选月魂云魄”，尤为精绝。每花前月下，静试对尝。碧沈香泛，真如木兰沾露，瑶草临波，备极卢陆之致。东坡云："分无玉碗捧蛾眉。"余一生清福，九年占尽，九年折尽矣。董小宛喜欢鼓起腮帮子吹火，冒辟疆便在一旁取笑，倒也是闺房之乐，浮生清福。

可惜这清福只享了九年，董小宛就溘然长逝。通观整本书，冒辟疆不是对董小宛一点感情也没有，但在他的世界里，首先是他自己，然后父母妻儿，一个小妾不过是漂亮精致的摆设，逝去了也颇可惜而已。嫁人嫁给这种人，不知爱他成痴的董小宛，在地下会不会再给他找上一个美好的理由。

文中所述，冒、董二人都喜欢的"岕茶"，就是唐时的阳羡茶，到了清代改称岕茶，仍旧是珍贵的贡茶。这种茶汤色柔白如玉露，不仅有花香，而且能品出婴儿体香，颇得文人雅士欣赏。但是这种好茶，因为制作工艺太过复杂，到清代雍正年间就已经失传。冒辟疆与董小宛的月下一饮，旁人是再也模仿不来的了。

第六章，闲事

一、一茶一饭

最近听说了一桩“惨案”：某人嗜茶，去厦门，购得极品正山小种若干，花去半月工资，视之如珠如宝，妥善藏于家中，预备邀上三五好友一起品饮。岂料其人去外地开会三日，回家时发现，她那放在精巧罐子里的宝贝茶叶，大半已经被八九十岁的外婆煮了茶鸡蛋。家人还特意夸赞，说这茶不错，煮鸡蛋特别香。其人抱着散发着浓郁桂圆香的茶鸡蛋，就只有“无语问苍天”了。

这“史上最贵茶鸡蛋”事件，其实经常发生，总听闻谁家娇嫩明前龙井被炒了龙井虾仁，谁家近来弄的上好普洱被煮了奶茶，还煮得苦涩难喝，一塌糊涂。其实若说煮奶茶，上文所述正山小种才是上选，它煮出的奶茶柔滑馨香，曾风靡整个欧洲的上层社会。抛开茶叶的价格不谈，若是能煮出上好的茶鸡蛋和奶茶，做一道清新的龙井虾仁，倒也还对得起自己的口腹。茶在中国流传了几千年，一开始就能够作为原料入菜或者生吃，作为饮料反倒是后来的事情了。

《红楼梦》中有这样一段：林黛玉初进贾府，吃完饭后丫头们端上了漱口水，黛玉有样学样跟着做了，漱了口，又端上来喝的茶。黛玉想着自家的规矩是饭后不能立即喝茶，会伤脾胃，但是见大家都喝，也就跟着喝了。这倒不是黛玉一个人矫情，关于饭后喝茶伤脾胃的事情，古人也有告诫。苏东坡也这样说，但他偏又喜欢饭后一盏浓茶，觉得消食解腻，倒是好旷达的性情。

既然茶不能在饭后立即喝，那么直接泡饭，对身体也是有损害的了。但是钟情一碗茶泡饭的，却大有人在。比如董小宛，《影梅庵忆语》里记载：董小宛吃得很少，不喜欢肉类甜食，只喜欢一碗茶泡饭，再加几茎菜，就算一顿饭。至于邻国日本，茶泡饭更是日常所食，颜色淡黄的一碗汤饭，配点青绿的泡菜和嫩黄的腌萝卜，自有一番清淡滋味。茶汤与饭共食，米香混茶香，一点泡菜提味，对胃口不好的人来说，不啻无上美味。如今更有甚者，直接把煮饭的水换成茶汤，用来煮米饭。如此煮出来的饭虽然清香怡人，但也总有人担忧，是否对身体有所影响。可是，美味当前，河豚尚不惧食之，何况一碗茶饭。

茶既然能够泡饭、煮饭，自然也能做粥。如今的“茶粥”“茗粥”大多是当真用茶来煮的粥。取茶叶煮浓汁，滤掉茶叶，再加粳米和冰糖，煮出来的粥黏稠清香，颜色淡雅，炎炎夏日配点青菜食之，可解无食欲之苦。但是古人所说的“茶粥”，里面却是没有米的。古时有煮出来的浓茶，上面结了一层和粥差不多的薄膜，所以才叫茶粥。还有一种说法，唐代人饮茶，还采用煎茶法，而且加入很多佐料，如葱、姜、枣、盐、橘皮、薄荷等，估计根据煎茶人的习惯，口味也有所不同，这样熬出来的一碗东西，就叫做茶粥。此物是唐朝人日常所饮，市集上也有摆摊卖茶粥的。不知那时候的茶粥，是不是也如今日豆花一样，根据地域不同其口味不同，还有甜咸之分，甜党和咸党互相难以接受。唐朝人喝茶加盐和姜

茶趣

翟玉成供图

都是常事，此种做法到宋朝还有保留。如今电影里常见杨贵妃端起清茶一饮而尽之类的场景，不忍直视。

茶不仅能够和米一起出现，用茶来做菜，也屡见不鲜，如前文所述的龙井虾仁，就是著名茶馔之一。龙井虾仁是杭州名菜，取新鲜大个河虾去虾线制成虾仁，用盐、蛋清、淀粉腌好。再以明前或者雨前龙井泡茶，留茶汤和部分茶叶。用温猪油滑开虾仁捞出，再用葱炝锅，放入黄酒、虾仁、龙井茶与茶汤，迅速翻炒捞出。其实葱不放也罢，虾仁和龙井的清香已经足够，加了葱反而有烟火气。这道菜的精髓在于食材，龙井清香，虾仁鲜美，以极简便的手段将二者的精华结合，龙井碧绿配虾仁嫩红，瞥一眼便是无限风情。惜乎如今物价飞涨，好龙井与好虾仁皆所费不赀，饭馆里这道菜动辄几百大元，茶的质量尚不能保证。不如在家以自饮上品明前龙井烹制，吃上一口，也有提神忘忧、两腋清风生之功效。

以茶入菜，因为茶性不同，所能制作的菜肴也有所不同。铁观音冲泡之后散发出浓郁的兰香，茶性清淡，适合泡出茶汤做各类面食；而虾、鱼有腥气，绿茶去腥气比较适宜；普洱茶浓郁，可做卤水汁，若是用来熏烤火腿，想必也很不错；唐代的蒸青茶到了日本发展成了抹茶，做糕点甜品之类最为适宜，抹茶派、抹茶提拉米苏、抹茶冰淇淋，如今连咖啡也可以和抹茶搭配，有抹茶拿铁卖，提神的效果颇为不错。日本最出名的抹茶，是宇治抹茶，日本人用它做了一样很美味的甜品，叫作“宇治金时”。宇治是抹茶，金时是一种红豆，先把抹茶加砂糖和水煮成绿茶糖浆，淋在极细的刨冰上，再在旁边佐以用砂糖煮得软烂的红豆，抹茶的翠绿配红豆的嫣红，还有雪白刨冰，令人食指大动。夏日炎炎，若是有这一碗甜品，大可解暑热之苦。

其实不只是汉族，茶自云南传出而入四川，又从茶马古道传入蒙、藏等地，在很多少数民族的传统菜谱里，都有茶的一席之地。云南的景颇族，喜欢做腌茶，将茶的芽叶放入小缸内，撒上盐巴，层层加压放置数月，吃的时候随需随取，颇似汉族腌的咸菜。另一种腌茶的方法，是哈尼族喜欢的竹筒茶。先选取粗大竹子，锯成约一尺长，一端留有竹节的竹筒，然后将茶芽叶通过日晒使之失去二三成水分，再用手搓捻，或将茶芽叶用锅蒸煮，待柔软泛黄时，起锅将茶叶倒在竹帘上用手搓揉，倒入竹筒，用木棒分层筑实，装满竹筒，用竹叶塞紧筒口，把竹筒倒置，使多余的水分外流。经两三个月，竹筒的茶叶变成金黄色，待发出茶叶浓香时，取出筒内茶叶，晾干后装入瓦罐，加些香油浸腌，即可以随时做茶菜用，也可在吃时用大蒜等与其他蔬菜同炒。

至于傣族的烤茶，做起来颇有唐时古风。将采摘下来的鲜嫩芽叶，先在火炉上烘烤，待鲜叶发黄快干时，取出用手搓碎，投入粗陶制的“铛罐”内，继续烘烤，待茶叶作响，又发出焦糖香时，立即冲入沸水煎煮。于是烤茶又称爆冲茶。这样，经一分钟左右，煎到茶汤表面浮有泡沫时，先在茶碗中放上一些调味品，诸如椒、姜、桂、盐、香糯叶等，倒入茶汤，就可以饮用了。这样的喝法，是不是和唐代的“茶粥”有几分神似呢？只是不知味道如何，若有机会，定然要试上一试。

二、物以稀为贵

人都有猎奇心理，越稀少古怪的东西，就越想看看闻闻吃吃，所以这几年的饮料市场上，排泄物也成了新贵。像最近流行的猫屎咖啡，是由印度尼西亚一种叫麝香猫的动物吃了特定的咖啡豆之后的排泄物加工而成的，因为咖啡豆经过消化发酵的过程，口味便产生了奇特的变化，使得口味圆润柔和。因为产量少，这种咖啡一杯可以卖出上千元人民币的天价，即便如此，还有无数咖啡爱好者趋之若鹜。由于需求量大，生产商强行给野生麝香猫喂食咖啡豆，惹来了动物保护组织的不满。

无独有偶，有一种茶虽也是以排泄物加工而成，同样稀少昂贵，加工过程却天然得多，这便是广西、湖南、贵州三省交界处苗族人爱喝的虫屎茶。现代人觉得名字不好听，又把它叫作“龙珠茶”。当地人把野藤、陈茶和化香树等的枝叶置于裸露的竹篮里，或者将茶叶一片片串起，化香夜蛾织网产卵，成蛆后，幼虫咀嚼茶叶成渣(珠状)，沾挂在网外做保护伪装。珠状的茶渣就是“虫屎茶”。之后用筛子筛去残渣，取其虫屎，在锅上炒干，再按蜂蜜：茶叶：虫屎 =1 ：1 ：5 的比例混合后复炒，便是虫屎茶了。

这种茶约米粒大小，黑褐色，如同药丸一般，放入水中会全部溶解，如同咖啡一般。茶汤青褐色，有着浓郁的熟香，一克就可供五六人品尝。据说陈年龙珠茶喝过之后，再喝其他茶会觉得淡而无味，可见其香气之霸道。不过这种茶在产地的农家，并不是当做饮料，而是当做药来用的，而且以陈年为贵。这种陈茶，甘香甜美，自有一种奇特风味，据说是因为化香夜蛾一直吃带有香味的化香树叶，又经过消化和代谢，才得出这种奇特的香气。研究证明，龙珠茶不但含有很多种氨基酸、糖类、粗蛋白、粗脂肪、维生素等成分，而且对胃病有很好的缓解作用。

苗族百姓制作虫茶，在清代就有记载。据清代光绪年间修撰的《城步县乡土志·卷五》记载：“茶有八峒茶，略可采用。亦有茶虽粗恶，置之旧笼一二年或数年，茶悉化为虫，故名之虫茶，收贮经久，大能消痰顺气。”乾隆三年，湘西横岭洞一带爆发了粟贤宇、杨清保领导的苗民起义。清廷于乾隆五年下令湘、桂、黔三省总督出兵镇压。随后便在横岭洞设置湖南长安营总府和理瑶同知署，残酷压迫和剥削苗、瑶等族人民。

当地苗民被官府赶进深山，身边可以充饥之物颇少，只好采食一种叫苦茶的灌木。把这种叶子放在口里咀嚼，开始感到苦涩，过会儿便觉得又凉又甜，若再喝点冷水咽下，又觉得甘美神爽。从此，当地老百姓每年暮春时节，便大量采摘苦茶枝鲜叶，用箩筐、木桶储存起来以备后用。可是过了几个月，叶子都被一种小虫子吃光了，所剩的只是一些渣滓和虫粪。人们在惋惜之余，试探性地将残渣、虫粪放进水里。顷刻间，发现渣滓颗粒的四周泡浸出一丝丝黄红色的茶汁，香气扑鼻。有人试着一喝，分外舒适可口。于是，当地就有了制作虫茶的习俗。而这样的虫茶，在几百年之后，居然价格飙升，堪比黄金。

龙珠茶的产区，主要集中在广西龙胜、湘西城步，以及台湾南投。龙胜的茶又叫作“化香虫茶”，原料不仅有苦茶，还有化香树和大白槲的嫩叶，再加入一种有香味的野生藤，让这些东西自然发酵，吸引化香夜蛾来进食和排泄。因为制作虫茶的化香夜蛾数量很多，分布又广，所以龙胜的化香虫茶，是饮用范围最广、产量最大的一种龙珠茶。

待到湘西山区城步，制茶的方式就复杂得多了。每年谷雨前后，当地人会采摘一种叫作“岩茶”的嫩叶，然后把这种叶子用沸水烫过，捞起晾至八成干，用一种特制的竹编茶篓，篓底垫上一层干芭蕉叶，把茶叶层层铺放在内。每铺放 5 寸厚左右，就均匀洒一层米汤水。再把装满茶叶的茶篓，放置阁楼上。经过十天半月，茶叶发酵产生出一种奇异的清香。大约两个月后，茶叶里就会出现一种乌黑发亮的小圆虫，当地人叫作“茶虫”。这种虫子以茶叶为食，过段时间之后就会变成虫蛹，化为飞蛾离去。之后制茶人将茶篓里的排泄物筛出，再加以炒制，就成了龙珠茶。

湘西的龙珠茶是几种龙珠茶里最为稀少、价格最高的，据说当年还曾经上贡朝廷。因为制茶所需要的茶虫（三叶虫）比较稀少，而且此种茶最为芳香浓郁，营养价值最高，物以稀为贵，便成了市面上价格最高的一种龙珠茶，动辄数万到数十万元一斤，比大红袍之类不遑多让。不过它之所以如此金贵，主要还是因为稀奇，虽然茶本身馨香浓郁，但是并不是决定性的因素。

广西与湘西的龙珠茶都是当地山民在生活中发现并且加以利用的茶种，而台湾南投的龙珠茶，却是完全人工培育的结果。台湾有一名中医师张春美，在行医过程中发现有很多英国人跑来找卷叶虫排泄物做成的茶，但是台湾并没有这种东西，于是索性买下一片七公顷的茶园，专门种茶让卷叶虫啃食，再收集排泄物做成龙珠茶外销英国。由于卷叶虫体形微小，排泄量有限，这种龙珠茶一年的收成不到百斤，外销英国的价格与黄金等同。即使如此昂贵，这种喝起来类似陈年普洱的茶还是被爱喝茶的英国人疯狂追捧，又造就了一个茶业的神话。龙珠茶虽然昂贵稀奇，甚至不是真正的茶，只是打着茶的名字，有着茶香的一种饮料。偶尔尝鲜或许令人惊奇，但若论长伴于手中的那一盏清茶，还是有叶片旋舞水中的绿茶、红茶、乌龙茶更合人心意。

三、婚丧嫁娶皆有茶

古时有俗谚：开门七件事，柴米油盐酱醋茶。茶在中国流传了几千年，早已不是一种单纯的饮料，它的存在不但已经融入了生活的各个方面，而且还引申出了许多风俗习惯。不论是汉族还是少数民族，在他们的日常生活中，茶已经是不可或缺的一部分了。

古人把婚嫁称为“红事”，把丧仪称为“白事”，无论红事还是白事，茶作为一种象征，在各类人生大事中都扮演了不同的角色。先以婚俗为例，在中国，茶如同西方的钻石一样，是爱情纯洁坚定的象征。古人认为茶性坚贞，只能以种子萌芽成株而不能移植，正可以比喻婚姻的矢志不渝。而且古人认为家族需要开枝散叶，所以用多籽的茶来代表多子多福，家庭兴盛。有了这两层吉祥意味，茶是无论如何没法从婚俗中抽身的了。

不过，此处我们所说的婚俗，是汉族人的婚俗。古时订婚，男方要向女方送聘礼，叫做“纳征”。其实所谓的聘礼，包括多种内容，有些是象征金钱的，比如绸缎等；有些是有吉祥意义的物品，比如茶、镜子、梳子、算盘等，寓意生活美满，所以有些地方把订婚又叫作“下茶”。我们如今的聘礼只剩下房子、车子、钱财，反倒不重视这些听起来美好的东西了。

茶不仅用在订婚时，很多地方的婚礼上也会用到茶。现在中国人结婚，大都中西合璧，前面半程西化，换戒指念誓词，后面半程换身旗袍，来给双方父母敬茶。茶在婚礼上的出现，最早可以追溯到宋代。当时求婚向女方送茶，又叫作“敲门”，因为茶是媒人送，所以媒人就叫作“提茶瓶人”。江南婚俗，女方给了男方生辰八字之后，男方要送茶果、金银等各类物事作为聘礼，“提茶瓶人”要送的茶可不只是一瓶两瓶，起码要有数十瓶到上百瓶。好茶难求，这也是展现男方财力的时机。新郎在迎亲的时候，还要饮“开门茶”。他先要跨过各种阻碍，进三道门直到堂屋，然后饮茶三次，才能等待新娘装扮完毕上轿跟他回家。

到了现代，虽然可以不再包办婚姻盲婚哑嫁，但是在湖南、江西等地，茶在男女相亲定情的过程中，还是起了很重要的作用。浏阳等地叫作“喝茶定终身”，媒人把相亲的男子带到女方家见面，如果女方觉得合意，就会端茶给男方喝，男方若是也看对了眼，就可以在杯中放上双数的茶钱；如果不同意，这茶仍旧是要喝的，只是不留茶钱，而把杯子倒扣在桌上，这婚姻便不成了。还有一些地方，把茶和鸡蛋一起作为满意与否的标志。如果女方去男方家，男方中意，就拿出三个以上的鸡蛋，让女方高兴地吃掉，如果是两个，就表示不同意。为了结婚，要吃那么多鸡蛋，代价还是挺大的。如果是男方到女方家，女方看上了，就请吃茶、吃鸡蛋，如果没看上的话，就只给男方送茶，而不送鸡蛋。男女之事，多半幽微隐秘无法言传，这样飘着茶香的暗示，可能也会把被拒绝的尴尬降到最低吧。

如今婚礼上敬茶，都是新郎、新娘端着茶杯给双方父母，而之前，是要两人抬着放有茶杯的一个茶盘送上前去。有的地方除了双方父母，还要敬年长的亲戚。至于这个茶盘，除盛茶杯外，还有一个用处就是放长辈给的红包，比拿在手里要文雅一些。而长辈送的见面礼，也被叫作“茶包”。

婚礼结束，就是洞房花烛夜，此时也少不了茶的身影。湖南有些地方，在洞房里要由新郎捧一杯清茶给新娘喝，然后自己再喝，叫作“合枕茶”，象征百年好合之意。而更有趣的闹洞房方法，叫作“合合茶”：让新郎和新娘坐在一张凳子上，把各自的左腿放在对方右腿上，新郎左手搭新娘的肩，新娘右手搭新郎的肩，形成一种奇怪的姿势。而剩下的两只手，由拇指和食指搭成方形，由旁人把茶杯放入其中，由闹洞房的人去喝。这么别扭的姿势，时间长了自然松懈，于是笑料百出，也就达到了“闹洞房，折腾新人”的目的了。

而在少数民族的婚俗中，涉及茶的更是五花八门。白族、毛南族、羌族、阿昌族、裕固族、满族等民族的婚俗里都有涉及茶的内容。然而最有趣的却是云南勐海县的傣族婚俗。勐海县的茶树王已有将近两千多年的历史，其余茶树也都非常古老高大。当地人结婚，要让新娘爬上古老的大茶树采茶，爬得越高，采得越多越好。寓意二人的感情要像茶树一样长久，子孙也要像茶树一样繁多。

除婚礼外，丧仪里也有许多要用到茶的地方，在很多地方的随葬品里都有茶的出现。古人相信，人过世之后要走奈何桥，喝孟婆汤，忘却前世的记忆以待来生。但是有些地方的人似乎不喜欢亲属喝这碗汤，还希望他们记得家人。于是在安徽、浙江等地，家属在入殓时会给过世的亲属手中塞上一包茶，寓意喝了之后耳聪目明，不会受到迷魂汤的影响。

中国的人生大事里，处处都有茶的影子。浙江有些地方的小孩儿，出生时就要用茶汤洗头，直到死去手里还拿着茶包，一生都笼罩在袅袅茶香里，多么令人欣羡。茶之一物，是一种文化的符号，它的清香，它的精神，是其他地方的人难以体会到的。

知识链接

古代结婚的程序

程序称“六礼”，分为“纳采”“问名”“纳吉”“纳征”“请期”“亲迎”六大程序。

纳采，男方派媒人去女方家提亲。

问名，男方派媒人去女方处问姓名、生肖、生辰八字等。

纳吉,拿双方的生辰八字到算命先生那里去算是不是相合。

纳征，就是送聘礼，一旦女方收了聘礼，这个婚姻实际上已经成立。

请期，男方派使者与女方商定结婚日期，这个也要根据黄历。

亲迎，新郎去女方家迎娶新娘。

四、一俯一仰皆文章

有客远来，主人端出清茶：“请坐，请喝茶。”泡茶、喝茶，听起来简单，但是在号称“礼仪之邦”的中国，在茶文化已经浸入骨髓的中国，这两个简单的动作，可以被分解成无数文化符号，析出一条条的礼仪规范。所谓一俯一仰，皆是文章。而喝茶这个简单的动作，也可以引申出很多文化底蕴来。

请人喝茶在中国文化里，最基本的意义是表示敬意。但是这待客敬茶，不同的地方有不同的规矩。北方人待客，要敬三道茶。第一道茶只是寒暄客套，主客刚刚见面，相谈不欢，喝茶也就无味，不如不喝，只做个样子，或者略品一两口即可。第二道茶才是需要细细品味的，一边喝茶，一边聊天，交流感情不宜太过生硬，有茶做缓冲刚刚好。到了第三道茶，茶味渐淡，客人也就可以告辞了。如果主客相谈很不愉快，主人端起茶碗来，就是要送客的意思。一举一动都饱含深意，尽在不言中。

浙江杭州一带，有一种很风雅且有人情味的习俗：每到立夏，家家户户皆煮新茶，配以时鲜果子，广赠亲友。试想每到立夏，暑热将至，就能收到新茶，配上果香，在花荫下游戏喝茶，真是赏心乐事。这种习俗宋代便已经开始出现，《东京梦华录》记载，开封人重情谊，每有外地人迁入京都，或者京都人迁新居，都有邻人前来送茶，或者邀请其前去家里吃茶，名为“支茶”。后来金兵南下，宋室迁都临安，就把这风气带到了杭州，遗存演变至今，成为邻里亲朋好友之间交流感情的一种重要途径。

在漫长的茶文化发展史上，喝茶除表示敬意，又演化出了很多社会功用。比如北京、天津、四川等地的茶馆，虽然模式各不相同，但是都成为了当地人交流信息、进行社会活动的重要场所。而到了江南，吃茶又演化出了新的意义：调解纠纷。电影《让子弹飞》里，土匪六子被骗到了讲茶大堂，被人以言语相激，自杀身亡。这一幕包含了很多“吃讲茶”的规则在其中。如果两方平民百姓发生争执，既不愿意打官司，又不愿意私了，此时就需要一个人来仲裁。争执的双方会选一个双方都信得过的人来当仲裁者，然后约定日期去茶楼理论。

“吃讲茶”作为一种调解手段，自然会有一定的程序。茶馆的茶博士会在桌上放壶嘴相对的两把茶壶，这是此处有人“吃讲茶”的标志。入座以后，当事人、仲裁者和陪客都会得到一碗茶，双方边饮茶边争论，最后由调解人给出意见。如果仲裁的意见双方均同意，茶博士会沏一壶红茶、绿茶混合在一起来给双方喝下，表示调解完成。如果双方未能达成共识，往往会演变成激烈的搏斗，还有可能会像电影里一样闹出人命来。正因为如此，肯承担“吃讲茶”的茶楼越发稀少，到民国时代，已经有很多茶楼挂出“奉谕不得讲茶”的牌子了。如今有些致力于恢复传统文化的人，又在江南重新办起“吃讲茶”的茶社来，但是如今的“吃讲茶”只是调解民事纠纷、双方口舌之争，倒也不会闹出人命来，比之以前要安全得多。

然而说到泡茶的精细微妙，自然要首推潮汕的工夫茶。之所以叫工夫茶，有人说是因为茶杯极小，茶又浓苦，品饮需要工夫。也有人说是冲泡时需要高超技艺，所以才叫工夫茶。这两种观点，说的都是事实。潮汕工夫茶是一种集泡茶的精神、礼仪、艺术于一身的茶道，既需要品尝的工夫，又需要冲泡的技艺，一切仪程皆有古风。

潮汕工夫茶限主客四人，客人要按照辈分和身份从主人右侧起依次坐下，待客人坐定，主人开始亲自泡茶。先用茶则把茶叶放入壶中，工夫茶讲究浓酽，茶叶要占到茶壶的七分左右，然后向茶壶内注水。第一泡称为“洗茶”，并不给客人喝，而是用茶水冲洗杯盏，让杯子温度适宜，并且浸润了茶香。洗过杯盏的第二道茶，才是给客人喝的，这一道茶的时候，叶子饱满，茶性已发，可以倒茶了。工夫茶的倒茶，也特别的讲究，要把四只杯子排放在一起，以茶壶轮流倒至七分满，这叫做“关公巡城”。之后以茶壶一点一点把余茶倒入四只杯中，叫做“韩信点兵”。这套动作都是圆融贯通的，呈现出中国人的中庸思想。如果能够使四杯茶中的汤色都均匀相等，而每一泡又有其深浅层次的不同，那就是泡茶高手了。

至于奉茶的时候，自然也有讲究。奉茶和席位一样，要分长幼辈分，先敬老人，再敬左右陪客，最后自己品饮。工夫茶既不可牛饮，也不可一饮而尽，要让茶水在口中和舌头上充分地接触，到达每一个味蕾。饮完之后还要向主人亮一下杯底，以示对其手法的肯定。而五六泡过后，茶味渐消，饮茶也到了尾声。主人可将茶叶用竹夹夹出，放在一个叫做“茶荷”的小碟子里，给客人观赏。“茶荷”是专门用来盛放茶叶的器具，因为多做成荷叶的形状，所以才叫“茶荷”。

中国茶的讲究，千变万化，数不胜数，不同的地方有不同的茶俗、茶礼。但是万变不离其宗，茶的精神和中国文化的精神总是相通的，中庸、圆融、高洁、有礼是它们所共同追求的境界。

茶趣

五、蹲乎会稽，投竿东海

李白的《梦游天姥吟留别》，如梦如幻，辉煌壮丽，是唐诗里不可多得的佳作。诗里有这样一段："我欲因之梦吴越，一夜飞度镜湖月。湖月照我影，送我至剡溪。谢公宿处今尚在，渌水荡漾清猿啼。"作者梦到吴越美景，一夜之间飞过镜湖，到了剡溪。青山绿水如旧，谢灵运的住处还在，水波荡漾，猿啼声声。剡溪一地，从汉代开始，一直都是文风鼎盛之地，也和茶结下了许多不解之缘。

和娇媚的杭州不同，剡溪向来是清逸的、随性的，明山秀水里透着茶香，直教人两袖清风生，飘然欲归去。剡溪是个地名，也是一条江。曹娥江流经绍兴嵊州的这一段，就叫做剡溪。此处江水九曲回环，两岸有竹山、禹溪、仙岩、清风等各色景致，当然，还少不了一杯好茶。剡溪关于茶最早的记忆是在汉朝。东汉永和年间，会稽太守马臻纳山阴、会稽两县水源，开凿了一个巨大的人工湖，就是前文李白在梦中飞度的镜湖。镜湖的开凿，使得绍兴一带的山水气候条件都得到改变，不仅形成了更好的产茶条件，而且社会安定平和。到了魏晋时期，这里的好茶、好水、好景吸引了大批的文人雅士聚集于此清谈品茗，关于茶的诗文传说不胜枚举。

世人提到魏晋这个时代，多会联想到两样东西：神仙、风骨。而这两样东西又都和茶有着密不可分的关系。剡溪人多好饮茶，南朝刘敬叔的《异苑》中记载了这样一个故事：剡县陈务的妻子，年少丧夫，和两个儿子相依为命。她喜欢喝茶，家里有个不知名的古冢，陈妻每次喝茶，都先用茶祭祀那古冢一回。有一天晚上，她梦到一个道人说："我常年来受你们的保护，又喝了你们的好茶，虽然现在已经烂成了骨头架子，但是也要报答这份恩情。"第二天早晨，母子三人果然在院子里找到了十万金。这是还没有成神的道士报恩，可见剡溪一地茶风鼎盛，不仅平民母子爱喝茶，就连古冢里的孤魂都爱喝茶。

修道之人自然都想要成仙，而茶之一物，清香袅袅，提神醒脑，喝了七碗便要乘清风归去。许多道士认为饮茶有助于羽化成仙，著名的道士葛洪，就在天台山种了一片茶园，一边喝茶，一边修仙，终于得道。而剡溪一地山水清幽，正是避世修行的好地方，所以自然也是喝茶的好地方。南朝的陶弘景，就是看中了这块地方，在这一带大开茶会，说饮茶可以轻身换骨，有助修道。有了如此知名的道士现身说法，剡溪民间传说里，自然少不了各种入山遇茶仙的故事。《搜神记》里就有这样的传说：一个叫虞洪的人入山采茶，遇到了茶仙，并指点他采到了“大茗”的叶子。所谓“大茗”，就是野生的古茶树，踪迹难寻，能够找到的就算是常人，也可称得上一声“茶仙”了。

说到魏晋风骨，自然联想起《世说新语》里那些宽袍缓带、穷途长啸，或皎皎如明月，或肃肃如雪松的名士们。秋风鲈鱼，人生只贵适意而已；雪夜访戴，礼法岂为我辈所设。这里面雪夜访戴的故事，也发生在剡溪。“王子猷居山阴，夜大雪，眠觉，开室命酌酒。四望皎然，因起彷徨，咏左思《招隐》诗。忽忆戴安道。时戴在剡，即便夜乘小船就之。经宿方至，造门不前而返。人问其故，王曰：‘吾本乘兴而行，兴尽而返，何必见戴！’”乘兴而来，兴尽而返，如此执着可爱的人物，已经成了绝唱。而那位住在剡溪的戴安道，有好友若此，当真令人羡慕。至于主角王子猷，如此洒脱不羁，自有其家学渊源。他的父亲，就是那位爱鹅成痴的书圣王羲之。

在王子猷和戴安道之前，王羲之、支遁、谢安等人就已经在剡溪安营扎寨，对着会稽山、剡溪水品茗谈玄，挥毫泼墨，好不畅快。玄学源于老庄，其清静无为的思想，正好与茶道不谋而合，所以在茶香中拿着玉柄尾，阔论宇宙之道，简直是天作之合。除老庄外，论佛自然也离不了一杯剡茶。一代高僧支遁支道林，就是“茶禅一味”的提倡者之一。支遁对于佛学和玄学都有很深的研究，饮茶参禅，悟得大道的做派，自他开始流传开来。直到唐朝，人们仍然认为，好茶的支遁，说不定就是寺院弃儿陆羽的前身。

继王羲之、谢安、支遁这玄学家和僧人的组合之后，在唐朝，剡溪迎来了一僧、一道、一茶圣，并成就了茶文化的又一段盛事。茶圣自然是陆羽，僧人是他的忘年交皎然，而道士，还是个女道士，是这二人的好友李季兰。这三个人中，和剡溪渊源最深的当属皎然，他是谢灵运的十世孙，几百年前，剡溪乃至越中一地，都是他家先祖的封地。那“谢公宿处今尚在”，自然也是皎然的祖先遗风。他在剡溪筑草堂而居，吸引了陆羽、李季兰等人和他们的朋友相继定居于此，一时剡溪茶事之盛，风头无两。茶圣陆羽住在剡溪，除因为忘年交皎然喜欢这里，还因为李季兰在剡溪的玉贞观出家。陆羽如今已经成了传奇，除了饮茶，他心里还是有一份缱绻柔情的。这份情，就属于李季兰。

李季兰原名李冶，是吴兴乌程人，与陆羽是少年相识，青梅竹马。后来李季兰被送去出家当了女道士，陆羽入山读书，周游天下与她分别。直到许多年后，陆羽才又回到剡溪，与她比邻而居。李季兰少有才名，五六岁时父亲抱着她站在庭院里，就能作诗吟咏蔷薇“经时未架却，心绪乱纵横”。父亲觉得她小小年纪太过早慧，将来少不得情债缠身，就把她送进玉贞观里当了女道士。但是唐代民风开放，女道士的身份并不能阻止长大后的李季兰同陆羽等文人雅士品茗清谈、饮酒赋诗。陆羽的一腔心思都系在李季兰身上，可是李季兰喜欢的东西太多，除剡茶、美景、诗文之外，和她有牵扯的文人雅士也不在少数，这多少令陆羽有点伤心。但是遇晴好天气，他和李季兰、皎然三人泛舟于湖上，烹茶论诗，真是赏心乐事。

其他唐代诗人如元稹、白居易等也都在剡溪停留过，在游赏之余，少不得饮上一杯剡茶，聊发思古之幽情。

剡溪乃至嵊州的制茶业，因为有这一脉茶香的滋养，所以分外兴盛。明清两代，剡溪茶都是出名的好茶，直到如今，“桂岩雾尖”“舜皇云尖”等好茶，仍然声名隆盛。剡溪的气质，是和茶一样的高洁风骨，是蹲乎会稽、投竿东海的广大胸襟与格局，自然会得到世人的认同。

六、橙子芝麻茶，吃了讲天话

“橙子芝麻茶”是湖州农家的一种饮茶方法，用橙子皮切成细丝，拌以芝麻，再和茶叶一起泡饮。如有青烘豆，可加入一点，就变了名字，叫“烘豆茶”，是待客的上品。根据地域不同，有的地方还会加笋干、青果或者姜末等各类调料。这样的饮茶方式，虽然奇怪，但是否有一点眼熟呢？是的，作为陆羽写《茶经》的地方，湖州人饮茶，多有唐时古风，还保留着用许多调料一起煎茶的习惯。

湖州出两样东西：湖笔、名茶。湖笔自不必说，古来即是笔中佳品。至于名茶，顾渚紫笋、温山御苏、安吉白茶等都做过贡茶。若是没有好茶，也无法引得“茶圣”陆羽在此结庐而居，写作《茶经》了。提到陆羽自然少不了他的好友皎然。彼时皎然任妙喜寺住持，给陆羽写作《茶经》提供了从物质到精神诸多方面的帮助。可以说，没有皎然，也就没有陆羽的成就。而湖州苕溪，也就成了陆羽的“第二故乡”。

作为名茶之乡的湖州，在饮茶方面也保留了大量古风，民间饮茶的方式，和大部分地区都不一样。虽然湖州人也用泡茶法，但是其程序非常复杂，而且内容也与一般的瀹饮法多有不同。他们泡茶是用一种专用的烧水罐，看起来像是陆羽“茶釜”的遗存。泡茶时主人以三指夹出茶叶，放入碗中，又用手取青烘豆一把，随后用筷子夹取其余各类佐料放入茶碗。然后用沸水居高临下地冲调，之后用筷子用力搅拌至均匀。这样的程序一般会持续三轮，到了第三轮，茶味已经变淡，就应该把烘豆吃掉了。如此泡茶法，真是唐人遗风。而年节的时候，除了加烘豆的咸茶，也会泡加橄榄和糖的甜茶。主人请客人喝甜茶的时候，会说一句：“您，甜甜！”祝福客人生活如茶一样甜美。

苕溪历来都是茶人聚集之地，自然也少不了茶会。而苕溪的民间女子，也继承了这种传统，她们会定期地举办“打茶会”来交流感情。喝茶的内容便是“烘豆茶”“橙子芝麻茶”等，“打茶”的主题其实是一边喝茶一边聊天，说些赞颂茶叶的话，比如“这茶好”“这水也好，水好，你们家的人更好”。“打茶会”是古代品评茶叶的一种民间形式，虽然语言质朴，但也能看出茶会雅集的影子来。

自陆羽往后，与湖州结缘的文人雅士更加多了起来，

（南宋）刘松年《撵茶图》局部

现藏于台北故宫博物院

大部分都是来品鉴好茶、凭吊茶圣遗迹的。像苏轼、苏辙兄弟，都对湖州产的顾渚紫笋非常偏爱，苏轼还在湖州做过一年知府。苏辙在诗中写道：“底处翰林常外补，明年谁送雪溪春。”生怕调到外地做事，没有人再送他“雪溪春”（紫笋茶）了。可见他对紫笋的喜爱有多么深厚。

湖州不仅产好毛笔，也产好画家，元代的赵孟頫、钱选、王蒙等都是湖州人。既生于湖州，他们对于茶的爱好自然也就流露于笔端。赵孟頫的传世名作《斗茶图》，现藏于台北“故宫博物院”，画中对四位斗茶人的神态动作描绘得非常生动，展现了一幅宋元时的斗茶图卷。而钱选的《卢仝煮茶图》《陶学士雪夜煮茶图》更是画出了人物高渺的精神境界，茶香仿佛要透纸而出。赵孟頫的外孙——画家王蒙，也曾画过《煮茶图》，这幅画如今仍然存世，其上有许多题跋，可见被许多名人收藏过。

湖州之地，对于茶史来说，不愧为人杰地灵、精华毓秀之地。就连湖州人手中一盏与众不同的橙子芝麻茶，都能讲出一段悠长的历史，说出三分煮茶的门道和自然的道理来。这样奇妙的地方，这样奇妙的茶，令人心向往之。爱茶人若有机缘，定要亲往湖州一趟，体会一下茶圣遗风，喝一碗橙子芝麻茶。

第七章，四方事

一、寂寞古池塘，青蛙跃入水中央

一千多年以前的唐朝，皎然造了一个词出来，叫作“茶道”。而如今，这个词被提及最多的，不是在中国，而是在日本。中国茶在两千多年的历史中，由近及远，流传到了全世界，而作为邻邦的日本，更是在中国茶的基础上，发展了自己的茶道，形成了自己的流派、历史、仪程、概念。日式茶道和中式茶道既有相似之处，又有许多不同。但最主要的区别，还在于气质。中国茶虽然也求出世、清静，但归结起来仍是热闹的，带着人间烟火气的。而日本茶，恰如日本最著名的俳句所言：寂寞古池塘，青蛙跃入水中央。带着一身寂寥枯坐茶室，极窄小的空间，偏带给人无限的思考，自有其特殊的魅力。

关于日本茶道的精神，可用三个概念来解释："和敬清寂""一期一会"，还有"独坐"。

"和敬清寂"是日本茶道思想中最重要的理念。"和"是指平和、和谐，一场茶会中人与人之间的关系应该如茶汤一样平和，所以才要互相礼敬。"敬"是指对来宾的尊重，日本的茶会为了表示敬意，其主客对话的内容、次序，茶器的放置，点茶者的每一个动作都有严格规定，形成了一种极端仪式化的审美。至于"清"，则指清洁，一切茶器都需要非常清洁才能不损茶的原味。茶具虽不是越古老的"名器"越好，但是清洁乃是第一要务。"寂"，则是指心境，光"清心"还不够，还要"静寂"，所以日式的茶室大都古拙而质朴，明明有广大的庭院，却偏要在非常逼仄的空间里进行点茶。这也是利用空间把人引入一种"寂"的境界，使人完全不受外界干扰，从尘世中抽离出来，才能使心情沉淀，体会茶的精神。这也是日本茶道中最重要的美学理念。

“一期一会”出自井伊直弼所著茶论《茶汤一会集》中，是指茶会的唯一性。每一场茶会，都是一生独一无二的一次体验，所以主人要尽心尽力地去做，不能有半点疏忽和遗憾。而客人，也要抱着“此世无法再相逢”的心情赴会，用心去感知主人每一点哪怕最细微的心思。世上的一切都是不停地变幻着的，每一次茶会都是唯一，只有抱定这样的心思，才能使主客双方体会到最幽微的美感。

“独坐”同样出自《茶汤一会集》。待客人纷纷离去，主人独坐于斗室之内，面对着茶釜，想到每一次茶会都是“一期一会”，此时此日的胜景再不会重复，心中不由得泛起茫然之感。但是等这股茫然消退，又会奇迹般地觉得充实。这才是“独坐”的妙处。

但是，日本的茶道，也不是一开始就提倡“和敬清寂”的，在古朴的草庵茶道之前，有过一段崇尚华丽铺张的时期，最著名的，就是丰臣秀吉打造的黄金茶室，茶具和茶室全部用黄金打造，极尽奢侈之能事。但是也就是从丰臣秀吉的统治时期开始，日本的茶道才走向了一条转变之路。

隋文帝开皇年间，茶叶随着前来中国学习佛法的日本僧人漂洋过海流传到了日本。但是日本真正种出自己的茶，还是一百多年以后的唐贞元二十一年（805年）。在天台山学习佛法的僧人最澄回到日本，不但创立了天台宗，并且推广饮茶，还带回了许多茶种，开辟了日本历史上的第一个茶园。之后的僧人空海、永忠等相继回国，加上当时嵯峨天皇热爱饮茶，使得茶在日本广泛地流行起来。但是那时的茶道，从精神到仪式，都是完全按照《茶经》上所记载的来进行，并没有发展出自己的茶道。

之后日本进入了镰仓时代，大概相当于中国的宋朝。荣西从宋朝输入了点茶法、茶具和更多的制茶法。他还撰写了《吃茶养生记》，并且推动源氏幕府大兴饮茶之风，可以说是日本茶道的“茶祖”，日本人认为他是本国的陆羽。此后日本的皇室、幕府和禅寺里都盛行饮茶，斗茶之风也颇为兴盛，是上流社会重要的交际手段之一。在中国，斗茶的参与者都是文人雅士，而在日本，则是以武士阶层为主，斗茶的聚会非常豪华热闹，也是炫耀自身品味、财力和家藏珍奇的好时机。

镰仓时代之后是足利幕府统治的室町时代，这个时代相当于中国的宋元时期。正是在这段时间里，茶道逐渐从娱乐性的斗茶会发展到宗教性的书院茶。书院茶中的“书院”是指一种建筑形式，也就是如今四张半榻榻米大的日本茶室的原始形式。这一时期，也出现了日本

草堂茶会

富谷烧供图

茶道的创始人村田珠光。这个人名可能不如千利休一样出名，但是他的师傅就是鼎鼎大名的“聪明的一休”——日本著名的“疯僧”一休宗纯。村田珠光本是净土宗寺院里的小沙弥，因为违反寺规被赶了出来，当时一休正好在京都大德寺挂单，村田珠光闻名前去拜师参禅。村田珠光和一休的相遇，是茶和禅的相遇，就此奠定了日本茶道的基调。这一对茶人与禅师的组合，与百年之前、千里之外的陆羽和皎然，颇有异曲同工之妙。不得不说，世事之奇妙，非人力所能理解。

若是参观日本的茶室，给人印象最深刻的莫过于“小”和“简朴”。茶室的标准大小是四张半榻榻米，大约是八平方米。建筑多用草和竹等天然材料，风格质朴。这种草庐式的建筑，也是村田珠光首先提倡的。他使平民化的茶与贵族茶结合起来，完成了从茶会到茶道的升华。他提出的思想“茶禅一味”自不必说，自他以后，日本的茶道大师无一不参禅，便形成了“茶是在家禅”的传统。

村田珠光有位再传弟子，叫作武野绍鸥，也是非常有名的茶道大师。他使日本茶道逐步摆脱了中国茶的影响，变得更加民族化。同时他还收了一个更加著名的弟子——千利休。若说村田珠光是茶道的开创者，那千利

日本煎茶道——注水温杯

富谷烧供图

休无疑可称得上是集大成者。千利休出生在商人家庭，自幼学习茶道，青年时期拜武野绍鸥为师，中老年时期先后做过织田信长和丰臣秀吉的茶头，可谓当时的日本第一茶人，日本茶道“和敬清寂”的思想就是由他提出的。丰臣秀吉热爱茶道，对于名贵器具和华丽装潢非常倾心，曾经打造黄金茶室以显示其财力。千利休却反其道而行之，村田珠光所传的“草庵流”经他之手发扬光大。这一派的思想认为茶道源于自然，也要归于自然，饮茶的环境也以安静清闲、具有山间自然风情为佳。因为条件所限，无法日日去山间饮茶，千利休就创制了“市中山居”，闹中取静，在喧嚣的城市里开辟一小块地方，让人能够在茶香中沉思。

千利休晚年越发倾向古拙质朴，与崇尚华丽的丰臣秀吉分道扬镳，直到后来被丰臣秀吉赐死。千利休死后，子侄辈继承他的衣钵继续研习茶道，开创了里千家、表千家、武者小路三个流派，合称为“三千家”，是如今日本茶道最重要的流派。

日本的茶道有许多规则，“和敬清寂”“一期一会”的精神，正是从这些看似烦琐的礼节中体现出来的。进入茶室前，先要洗手、漱口，将身体内外的凡尘洗去，使心情平静，能够更好地感受茶意和禅意。茶室分为床间、客、点前、炉踏等专门区域。室内设置壁龛、地炉和各式木窗，右侧布“水屋”，备放煮水、沏茶、品茶的器具和清洁用具。墙上挂和茶禅有关的名人字画，村田珠光曾在茶室里挂着高僧圆悟的手迹，每次饮茶前必然要参拜，也就形成了传统。字画旁边有竹制花瓶，瓶中插花，这花的插法、内容都随着节令和主人的心情而变化。一场好的茶会，花是不可缺少的装饰。

主人首先要在茶室的格子门外跪迎宾客，头一位进茶室的是身份最尊贵的宾客，被称为正客，其他客人则随后进入。来宾入室后，宾主相互鞠躬致礼，面对而坐，而正客须坐于主人上手（即左边）。这时主人会去“水屋”取各种茶器，如风炉、茶釜、水注、白炭等，客人可欣赏茶室内的陈设布置。听茶器的名字就知道，日本的茶道还保留着许多陆羽遗风。其实日式茶分为抹茶和煎茶，用点茶法的主要是抹茶，是一种蒸青绿茶。而煎茶则是和瀹饮差不多的，是用炒青茶炮制的茶。这里说的茶道规则，都是基于用点茶法沏抹茶的茶会。

待主人回到茶室后，要生火、煮水、点香。煮水的时候，主人在水屋准备其他品茶器具，宾客则可自由地在茶室前的花园中散步，到水将要煮沸时回到屋里，茶道仪式才正式开始。在敬茶前，客人要先品尝一下甜点，大概是为避免空肚喝茶伤胃，同时也是为了避免抹茶的苦涩。敬茶时，主人用左手掌托碗，右手五指持碗边，跪地后举起茶碗，恭送至正客前。待正客饮茶后，其余的宾客才能一一依次传饮。饮时可每人一口轮流品饮，也可各人饮一碗，饮毕将茶碗递回给主人。主人随后可从里侧门内退出，煮茶，或让客人自由交谈。一场茶会通常会持续四个小时，时间太长客人容易疲惫，太短又无法领会茶的真谛。

日本的茶道源于中国唐宋，又不完全因袭古法，在日本流传的一千多年里，形成了自己的体系、精神和流派。和“茶禅一味”“和敬清寂”相比，中国茶更加热闹和繁杂，即使如程序复杂的潮汕工夫茶，求的也是一份人世的喜悦。

知识链接

日本茶道名器

乙御前釜

茶汤釜的一种，乙御前的意思是多福，指较丰满之物。织田信长所持，赠于柴田胜家。

大井户加贺

大井户的朝鲜茶碗，加贺前田家所有，因此得名。同类中的最上品，别称狮子，与喜左卫门、细川并称天下三井户。

绍鸥茄子

汉作茄子茶器，茶人武野绍鸥所有，因此得名。是饴色小茶器，被列为天下四茄子之一。

松屋肩冲

汉作肩冲茶器，别名松本肩冲，奈良涂师松屋从村田珠光手中所受。许多大名、富豪企图得到这一名品，都未能如愿。

一重切园城寺

竹制花器，跟从丰臣秀吉小田原征伐从军之

际，千利休取伊豆韮山竹制成，赠予少庵。据说此物妙处就在那略微漏水之处。

曜变稻叶天目

最有名的曜变天目茶碗，为淀藩主稻叶家所有。茶碗内侧的黑底色上有七色星纹，因此得名，后从稻叶家转卖于别家。

松花

中国南部所做的叶茶壶，与松岛、三日月并称天下三名壶，从村田珠光经历织田信长、丰臣秀吉之手，最后流传到尾张德川家。

平蜘蛛釜

天下之名品，平整之型令人联想起地上爬行的蜘蛛，因此得名。松永久秀拒绝转让于织田信长，装满火药将其炸毁。

楢柴肩冲

汉作肩冲茶器，天下三肩冲之一。从博多商人岛井宗室转入秋月种实之手，九州征伐之际，作为投降的信物献于丰臣秀吉，后消息不明。

新田肩冲

唐物肩冲茶器，天下三肩冲之一。村田珠光所有，曾流传于三好政长、大友宗麟、织田信长、丰臣秀吉等人之手，大坂落城后成为德川家宝。

初花肩冲

唐物肩冲茶器，天下三肩冲之一。据说是杨贵妃的油壶，姿态的高贵不亚于初放的花朵，足利义政因此而命名，后为织田信长、丰臣秀吉所有。

二、“中正”与“和乐”

中国茶的传出，首先在东亚文化圈里，除了日本，就是朝鲜。朝鲜半岛在古代，分立有新罗、百济、高句丽三个国家，近现代又南北分立。此处所介绍的朝鲜半岛的茶礼、茶道精神等方面，是指整个朝鲜民族而言，并非特指某个国家。其实，论起喝茶的时间来，朝鲜要比日本长得多。

公元 646 年，新罗王统一朝鲜半岛的三国，饮茶习俗也在同一时间传入朝鲜。彼时朝鲜僧人煮茶、饮茶，也和中国那些茶禅俱精的禅师一样论水、论道，把饮茶引入寺院礼仪。在茶刚刚传入朝鲜的一百多年间，朝鲜人饮茶全靠从中国进口，自己并不产茶。直到公元828年，新罗遣使大廉去往中国，把茶种和种植技艺带回朝鲜，在智异山下的华岩寺周围开始种茶，朝鲜种茶的历史才真正开始。如今朝鲜半岛仍有很多地方生产茶叶，种类有日本的煎茶、抹茶，中国的团茶、炒青茶等。

日本和朝鲜的茶道都受中国文化影响，但是又各有其自身的特点。日本茶道重禅，强调枯寂的修行与完整的仪式。朝鲜的茶道则受儒家思想的影响，比较重视“礼”，茶礼、茶规等在各个阶层的礼仪里都能看到。二者的不同，从思想上就能看出。朝鲜茶礼的主要思想，就是“中正”。首先提出这个概念的，是草衣禅师。他在《东茶颂》里认为，茶人凡事要进退有度，不可过于求成，也不可不及。人在生活中也要有自知之明，不能急躁冒进，也不能畏缩不前。对待生活要有乐观的态度，才能得到茶道的真谛。是的，在中国、日本、朝鲜三国的茶道中，朝鲜是最提倡“和乐”精神的，可以说，朝鲜茶人的态度最入世、最乐观，认为喝过茶后可以忘记所有的不愉快，洗涤身心，并有一个全新的开始。

在中国，饮茶是艺术，叫“茶艺”；在日本，饮茶是修行，叫“茶道”；而在朝鲜，饮茶是礼仪，我们叫“茶礼”。从宫廷到平民，从古代到现代，朝鲜民族的各种礼仪中，从不缺少茶的影子。

高丽时代，在宫廷和官府的茶仪中，庆祝朝鲜的主要节日燃灯会、八关会，都要用到茶。燃灯会源于中国，本来是北方寺庙里举行的燃灯供佛的活动，传到朝鲜之后，变成了官府举办的活动。每年的 2 月 15 日，在高丽宫廷康安殿的浮坛中进行。而燃灯会的一项主要活动，就是进茶。另外一个与茶有关的重要节日是八关会。八关会是一种综合的祭祀活动，所谓“八关”，就是祭祀供奉天地、五岳、名山、大川、龙神，这是一种泛神论的祭祀。每年的 11 月 14 日，先举行八关小会，由太子和公主主持，其间就有持礼官劝茶和摆茶饭的环节。第二天，举行八关大会，同样也有摆茶饭的环节。在朝廷的各项重大事件，比如王子降生、公主出嫁、外国使节来贺之类的活动上，都有规格不同的固定的茶仪。可以说，在古代，朝鲜朝廷的各种仪礼，都少不了茶的身影。

不仅宫廷如此，民间对于茶礼的重视也很普遍。14 世纪到 15 世纪，宋代程朱理学传入朝鲜，朱子家礼和儒家主张的茶礼、茶规也在民间流行起来。其时朝鲜民众，如同中国人一样，婚丧嫁娶、成人冠礼等场合，都要用到茶。直到今日的朝鲜半岛，民众祭祀祖先，仍然要根据儒家的规条，摆上茶酒和其他祭品以示尊重。

在朝鲜半岛，国家的最高级茶礼，叫做“五行茶仪”，是祭祀茶祖神农氏的祭典。茶礼的祭坛一般有洁白的帐篷、八个绘有鲜艳花卉的屏风和铺着雪白桌布的长桌。长桌前放置三个小圆台，中间的小圆台上放置青瓷茶碗。长桌上方正中张挂用汉文书写的“茶圣炎帝神农氏神位”的条幅，以此来祭祀“茶圣”炎帝神农氏，这也是五行茶礼的核心。之后由茶礼主祭人进行题为“天、地、人、和”合一的茶礼诗朗诵，标志着活动的开始。随后依次进行武士的剑术表演，以及由衣着讲究的女子献烛、献香的仪式。最后是茶艺表演，活动进入高潮。表演完毕，活动参与者即以手中茶向神农氏神位敬献。以香茶献茶圣，倒是非常应景。整个祭典谨慎有序，处处都符合“中正”的思想。而剑舞、献烛、献茶倒是非常“和乐”，体现了整个朝鲜民族积极乐天的性格，这类的祭典若是在日本或者中国，就又是一番其他模样了。

其实除中国茶外，朝鲜半岛还有一种“传统”茶，像我们吃韩国菜时所喝的“大麦茶”，其实里面并没有茶，是以原料经过长时间的浸泡，发酵做出来的饮料。除了茶叶本身，其他的无数种原料都可以做成“传统茶”，像玉米茶、百合茶，甚至还有萝卜茶。朝鲜人在喝真正的茶时也是清饮，并不加佐料，而喝“传统茶”则要加上糖或者蜂蜜，基本上是以甜为主。可见所谓的“传统茶”，应该就是传统的饮料。同样叫“茶”而不是茶的东西还有很多，比如南洋的“肉骨茶”，其实是一种骨头汤，可以算是菜品。可见茶这个名字，经过几千年的流传，在某种程度上，已经成了各色汤水饮品的代称，可以时时拿出来填补起名的空缺。

三、风花雪月下午茶

说起爱喝茶的民族，除中国人、日本人，英国人也很出名。英国并不产茶，但是英国人对茶的热爱，超过世界上许多国家，甚至中国人也有所不及。在中国或许是由于选择太多，喜欢喝茶的人所占的比例并没有那么大，而英国几乎人人喝茶。出门在外，不管风景多美好，雷打不动要回酒店去喝下午茶吃小点心的，必然是英国人。

英国人开始饮茶，是受葡萄牙人的影响。那时候英语里的茶，还是“cha”而不是“tea”。因为葡萄牙人喝茶，是占领了澳门之后，从中国引进的，所以还采用官话的“cha”为发音。1662 年，葡萄牙公主凯瑟琳嫁给了英王查尔斯二世，这位公主嗜好饮茶，被称为“饮茶皇后”，自然把喝茶的风尚带入了英国皇室。说到英国茶，自然会联想到英式的下午茶，骨瓷茶具、花边桌布、各色精美点心搭配在一起，银质餐具轻响，茶香袅袅，再配上盛装的女主人浅笑轻颦，给人以色、香、味俱全的享受。

下午茶始于 18 世纪中期。彼时英国人早餐丰盛，午餐简略，而晚餐要到八点以后才能吃，早晚两餐之间有很长的时间不能好好吃东西。有位贵族女性斐德福公爵夫人安娜，总是在下午四点多的时候觉得意兴阑珊，疲惫又饥饿，于是吩咐女仆准备了烤面包、奶油和茶来果腹。她还时常邀请亲友来享受茶点，闲话家常，百无聊赖的午后时光顿时变得轻松惬意起来。下午茶的风俗在贵族之间流行起来，逐渐演化成了一种社交活动，也产生了各种礼节。

下午茶的传统有三点：舒适优雅的环境，高档茶叶，丰盛的点心和银质餐具。当然，最必不可少的，是一位高贵美丽、仪态万方的女主人。她会在家中最好的房间里招待客人，桌上铺着蕾丝花边的桌布，和骨瓷碗碟相得益彰。茶壶、过滤网、茶盘、茶匙、茶刀、三层点心架、饼干夹、糖罐、奶盅瓶、水果盘、切柠檬器，全都银光闪闪，晶莹剔透。维多利亚时代的绅士淑女，去赴下午茶会需要穿着淡雅入时的正装，低声窃窃交谈，举止自然也要文雅有礼。如今的下午茶会虽然已经不需要穿束腰蕾丝裙，但仍旧是重要的社交场合，需要注意着装和礼节。

英国人喝茶，给人的感觉一般是要加牛奶或者蜂蜜，但其实只喝清茶的也有不少。在英国，最受欢迎的是红茶，中国红茶如祁红、正山小种等都很受追捧，王室一度也很喜爱正山小种。绿茶如龙井等在英国也有售卖，可是不知是不是好茶离了好水的缘故，绿茶在英国的味道总是懒洋洋的提不起劲儿来，茶汤也变得混浊，远不如红茶有精神。在红茶里，除了中国红茶，品质最好的，要属大吉岭红茶。

大吉岭红茶被誉为“红茶中的香槟”，是一种高香型红茶，既有麝香葡萄的香气，又有奇异的花果香。这种混合的香气其实很柔和，不需要加奶，清饮更能够体会其美妙。但是因为茶叶较大，所以需要焖比较长的时间，五分钟后享用才能得其真味。很多著名的香水，如宝格丽的男士香水里，也有大吉岭红茶的味道。

这种红茶产于印度西孟加拉省北部喜马拉雅山麓的大吉岭高原一带，与中国西藏自治区地理位置非常接近。这种茶长在海拔1800米以上云雾缭绕的山区，日照充足，昼夜温差很大，气候条件非常适宜生产红茶。大吉岭红茶四季均可采摘，三四月春摘的是一号茶，茶叶为青绿色，气味清淡，如同中国的明前龙井，最为珍贵。五六月摘的是二号茶，茶叶呈棕褐色，白毫显露，汤色橙黄，带有葡萄香，“红茶中的香槟”其实指的就是二号茶。这两季采摘的茶深受世界各地消费者的欢迎。而秋天与冬天的茶，就差了那么一点。但是秋茶味道厚实，用来做奶茶倒是非常合适。

说起来，大吉岭红茶也是从中国流出的，它的前身就是福建武夷山桐木关的正山小种。1857 年，一位英国军官发现了这种茶的价值，通过一个中国人收集了茶种、茶苗，并且带了很多种茶、制茶的工人去印度，几年以后，就在大吉岭地区种植出了这种有葡萄香气的红茶。大吉岭红茶同阿萨姆红茶、祁门红茶并列世界三大高香茶。

除了大吉岭，英国还有两种特色茶：伯爵茶和混合茶。

伯爵茶（Earl Grey）是香薰茶的一种，用佛手柑的香味与红茶互相衬托，别有一种美感。其他香薰茶如桃子味、荔枝味之类，香气略甜腻，都不如佛手柑合适。大吉岭红茶适合清饮，很少用来做底茶，而用正山小种做底的伯爵茶，烟熏桂圆香和佛手柑的结合，堪称完美。

混合茶也是很有英国特色的一种茶。利用不同茶的特色，调和出新的香气。比如著名的早餐茶（English Breakfast Tea），以阿萨姆红茶和锡兰红茶搭配，是一种非常浓烈的茶。阿萨姆红茶味道重但缺少香气，锡兰红茶虽然香，但是滋味比较单一，将两者按照比例搭配在一起，就成了提神清脑的早餐茶，其效力不亚于咖啡。早餐茶味道比较浓烈，所以多加些奶一起饮用，可以显得柔和一点。

虽然同是红茶，英国茶的叶片要比中国茶细小很多，所以喝茶的时候，要有专门置于茶杯上的滤网，用来过滤茶叶。而且和中国茶不同，英国茶要在一泡中把所有的芳香都释放出来，到第二泡水就没有味道了。所以泡茶的水温和手法，都与中国茶有所不同，一般是用100℃沸水在壶中泡5分钟，这点和讲究步骤、礼仪、规程的中国茶和日本茶都有所不同。

中国茶温厚，日本茶清寂，充满花果芬芳的英国茶，搭上银质茶具与精巧茶点，更像一场风华雪月的幻梦，令人不忍醒来。

知识链接

英国茶的分类

红茶black tea

绿茶green tea

花茶scented tea

茉莉花茶jasmine tea

浓茶strong tea

淡茶weak tea

四、世上处处有茶香

世界上茶的进口量，第一是英国，第二是美国，第三，很神奇的是巴基斯坦，而第四位，则是非洲的埃及。世界上进口绿茶最多的国家，不是日本，不是朝鲜，而是北非的摩洛哥。

被这些数据吓了一跳，眼镜片跌落一地的大有人在。英国人嗜茶如命，自不必说。美国人喜欢中国茶，大吉岭、阿萨姆之类的印度茶也喝，总体来说，没有英国人讲究，饮茶的方式偏于快餐，还是希望它能和咖啡一样起到提神醒脑的功用。巴基斯坦过去是英属印度的一部分，饮茶的习俗与英国相似，都是红茶清饮或者加奶，因为地处亚热带草原地区，气候干燥炎热，主食多为牛羊肉，而它是一个伊斯兰教国家，教义规定不许喝酒，人们为了生津解渴、去除油腻，自然喜爱饮茶。一位巴基斯坦主妇每天做的第一件事，就是煮好全家的茶，大家坐下来一起饮茶。在巴基斯坦也有一些游牧民族喜欢饮绿茶，不过他们的绿茶里面要加糖。通常在冬天，饮绿茶的人更多，因为巴基斯坦人认为绿茶性温，冬天饮用对肠胃更好。

人们对于非洲的认识，多半停留于沙漠、草原和动物，觉得非洲太过遥远，和中国茶的关系没有那么密切。实际上北非的两个国家，摩洛哥和埃及也是全民喜爱饮茶的国度。埃及人爱喝红茶，尤其喜爱浓酽的红茶，他们用小杯细细品鉴红茶，虽不加奶，但是会加糖。和巴基斯坦人一样，埃及人也几乎是从早到晚都在喝茶，连政府都支持民众喝茶，甚至还会发喝茶补贴。对于主食是牛羊肉的穆斯林国家来说，如果气候炎热、水源稀少，那喝茶简直就成了标准配置。处于撒哈拉沙漠边缘的摩洛哥也是如此，他们喜欢中国的绿茶，每年大量进口。摩洛哥人喝茶的时候不但冲得非常浓酽，而且要加糖和薄荷共饮。他们爱喝茶，还发明了独具特色的铜质茶具。花纹与配色都非常具有非洲风情，饮茶的同时也可以用来欣赏。在摩洛哥，茶叶是很高雅的礼物，如果走亲访友时带上一包茶叶，主人会非常高兴。

在亚欧大陆，除东亚、南亚、西欧饮茶文化圈之外，中亚、北亚、东欧的居民，有的也非常喜欢喝茶，并且有不同的习俗。比如格鲁吉亚，那里的人喝茶既不加糖也不加奶，属于清饮的系统，但不是直接冲泡，而是先以烧热的铁壶炙烤茶叶，再以温开水冲泡几分钟，做法有点类似云南的烤茶。这种冲茶的方法，水浇在壶底茶叶上会发出噼啪的爆响，对于手法和技巧要求十分严格，不失为一种热闹有趣的冲茶方式。另一种在东北亚很流行的饮茶方式，是蒙古式奶茶，这种方式冲出来的茶，不仅需要加奶，还要加盐、大米和小麦等，很像是古代契丹族遗留下来的“茶粥”遗物。俄语里还把中国叫做“契丹”，不是没有道理的。

至于雄踞北亚的俄罗斯，与中国茶之间的恩怨说也说不完。清代末期以前，中国与俄国关系尚属平静，清朝统治者曾多次送给俄国沙皇茶叶，以示友好。然而鸦片战争以后，中国开埠通商，茶叶贸易自然占了对外贸易的大宗。俄国人见许多国家都从与中国的茶叶贸易中赚了钱，不甘示弱，不仅控制了外蒙的华茶贸易，又在福建开茶厂，雇佣中国人制茶砖运往俄国本土和外蒙古。外蒙古的独立和俄国的茶砖贸易有着很大关联。茶作为一种饮料，能够导致鸦片战争、外蒙古独立等重大的国际事件，它的力量可见一斑。

俄罗斯人饮茶，有些也和中国一样清饮。但是由于俄罗斯疆域广大，每个地区的饮茶方法都不尽相同，格鲁吉亚式的烤茶、蒙古式的奶茶也都存在。

16 世纪，茶传入俄国，当时的上流社会十分赞赏中国茶，为饮茶制定了一整套严格的礼仪。在俄语里，给的小费就叫做“给茶钱”，还保留了其他一些关于茶的约定俗成的说法，可见茶在俄国是有一定影响力的。

茶作为一种饮料，从中国发源，在几千年间走出云南的深山，走出国门，散布到了世界的各个角落。汉代，茶从中原传入西北。自唐宋以来，东亚的朝鲜、日本都受到了中国茶的影响。15 世纪以后，又逐渐流传到了欧洲，进而到达北美地区和非洲，以至世界各地。而与之相伴的茶文化，也从历史中走来，与各地的民俗相结合，产生了种种独一无二的文化现象，每一种都很值得研究和探讨。即使在生产咖啡的南美洲，也有一部分人对茶情有独钟，可见茶的魅力难以阻挡，茶的香气可以飘荡在世界的每一个角落。

图书在版编目（CIP）数据

中国秀. 茶事 / 李萌怡, 刘芳编著. -- 太原 : 山西教育出版社, 2016.8

（中国秀系列 / 赵锋主编）

ISBN 978-7-5440-7485-8

Ⅰ. ①中… Ⅱ. ①李… Ⅲ. ①丛书—中国—现代②茶叶—文化—中国 Ⅳ. ①Z121.7②TS971

中国版本图书馆CIP数据核字(2016)第294667号

茶　事

李萌怡　刘　芳　著

出 版 人　雷俊林

策 划 人　孙　轶

责任编辑　任小明

特约编辑　苏　珊　要瑞娥

装帧设计　小海馬·书装

出版发行　山西出版传媒集团 · 山西教育出版社

（太原市水西门街馒头巷7号　邮编　030002）

印　　装　山东临沂新华印刷物流集团有限责任公司

开　　本　787 × 960　1/32

印　　张　8.625

字　　数　120千字

版　　次　2016年8月第1版　2016年8月第1次印刷

书　　号　ISBN 978-7-5440-7485-8

定　　价　26.90元

如发现印装质量问题，影响阅读，请与印刷厂联系调换。电话：0539-2925680